Peter Dyckhoff

Ruhegebet

Peter Dyckhoff

Ruhegebet

 bibelwerk

4. Auflage 2021

Umschlaggestaltung: Finken & Bumiller, Stuttgart
Umschlagmotiv: schiffner / photocase.de
Satz: post scriptum, Emmendingen
Herstellung: Finidr s.r.o., Český Těšín
Printed in the Czech Republic

www.bibelwerk-impuls.de
ISBN 978-3-460-27175-3

Inhalt

III.
Anleitung zum Ruhegebet

IV.
Johannes Cassian – Leben und Wirken

Zur Neuausgabe

Es ist ein wunderbares und großes Geschenk, wenn man erleben darf, dass die Samenkörner, die man oft unter Mühen und Anstrengungen gesät hat, reiche und Leben unterstützende Früchte tragen. Es ist ein wunderbares und großes Geschenk des Himmels zu sehen, wie Menschen diese Früchte genießen und sie ihnen zum Heil werden.

Nachdem ich in jungen Jahren durch das »Ruhegebet«, der alten christlichen Gebetsweise des Johannes Cassian (360 bis 435), Rettung aus einer selbst verschuldeten und bedrohlichen Lebenssituation erfuhr, spürte ich den Auftrag, auch andere Menschen auf diesen so einfachen Gebetsweg zu führen. Vor allem bestärkte mich zu diesem Schritt die ganz von selbst auftretende Vertiefung meines Glaubens, der auf einmal lebendiger und überzeugender wurde. Die Heilige Schrift und das Sakrament der heiligen Eucharistie wurden mehr als bisher durch das Ruhegebet für mich zu einer Quelle unerschöpflicher Weisheit und Liebe. Das Ruhegebet ist wie ein Schlüssel zu einem verborgenen Geheimnis, dessen Offenbarung das Ziel unserer Sehnsucht ist.

Als Priester hatte und nutzte ich viele Gelegenheiten, auf diese Gebetsweise und meine Erfahrungen hinzuweisen. Doch das große Echo, von dem ich träumte, blieb aus. Hier und da interessierte sich jemand für das Ruhegebet, und ich entwickelte die Möglichkeit, das cassianische Ruhegebet in kleinen Gruppen einzuüben. Die Zeit verging, und die Früchte, die sich im Verborgenen des menschlichen Herzens so manchen Menschen schenkten, gelangten nicht an die Öffentlichkeit. Ich spürte aber und wusste, dass ich nicht aufgeben durfte.

In Bischof Homeyer (Hildesheim) fand ich einen großen Förderer, der es mir ermöglichte, im Weserbergland das »Haus Cassian« zu gründen. Der Wüstenvater Cassian schrieb als Erster diese hesychastische Gebetsweise nieder. Im »Haus Cassian« entstand auch auf der praktischen Grundlage der Kurse mein erstes Lehrbuch zum Ruhegebet, doch reagierten zunächst die Leserinnen und Leser sehr zögernd auf die Kurs-Angebote. Ich spürte – und das war schmerzlich bei meiner Ungeduld –, wie die Verbreitung des Ruhegebetes nur mit sehr viel Demut und Zurückhaltung in kleinen individuellen Schritten vor sich ging. Es vergingen Jahrzehnte …

Da ich keine intensivere und mehr auf das Wesentliche vorbereitende Gebetsweise als das Ruhegebet kenne und sie vielen Menschen in und aus seelischer Not half, gleichzeitig den Glauben vertieft und bereichert, blieb ich mein Leben lang dem Ruhegebet treu. Ich setzte mich dafür ein, dass auch andere, denen ich den Weg weisen durfte, in auftretenden Durststrecken durchhielten.

Es bildete sich, besonders in den letzten Jahren, ein immer größer werdender Kreis von Menschen, die hingeführt, eingeübt und gefördert wurden und so nicht nur mit Hingabe und großem Erfolg das Ruhegebet beteten, sondern auch den Wunsch hatten, diese wunderbare Gebetsweise zu lehren. Diesem Wunsch habe ich entsprochen – zumal ich selbst der immer stärker werdenden Nachfrage nicht mehr nachkommen konnte. So durfte ich sie mit den »24 Unterredungen der Väter« des Johannes Cassian, den wichtigsten Voraussetzungen und meinen Erfahrungen vertraut machen. Nach und nach öffneten sich immer mehr Schleusentore durch Einladungen zu Vorträgen und Kursen, Rundfunk- und Fernsehsendungen und durch neue Publikationen. Mir bot sich sogar die Möglichkeit, über das Ruhegebet zu promovieren.

Lehrende des Ruhegebetes gibt es heute in allen deutschsprachigen Ländern – ihre Kurse sind gefragt. Unter www.ruhegebet.com wird viel Wissenswertes vorgestellt. Um die Angelegenheiten, die sich auf die »Verbindung zwischen Himmel und Erde« beziehen, besser koordinieren zu können, gründete ich die »Stiftung Ruhegebet«, sodass die Verbreitung dieser einfachen und doch so wirksamen Gebetsweise auch nach meinem Tod gewährleistet ist.

Ich bin unendlich dankbar, erleben zu dürfen, wie die Saat aufgeht und in unterschiedlichster Weise reife Früchte geerntet werden. Die Literatur zum Ruhegebet ist mittlerweile in verschiedenen Verlagen und in vielen Sprachen erschienen. So wurde beispielsweise das Buch »Ruhegebet« allein vom Don Bosco Verlag 18.000 mal verkauft. Das Katholische Bibelwerk hat jetzt diesen Titel übernommen – worüber ich mich besonders freue – zur Vertiefung des Glaubens und zum geistlichen Nutzen vieler.

Sogar Papst Franziskus besitzt die spanische Ausgabe des »Ruhegebetes« (La práctica de la oración de quietud), die ihm freundlicherweise Erzbischof Gänswein weitergab. Der Erzbischof machte das »Ruhegebet« zu seiner »lectio continua« und spricht davon, dass das Buch »Tiefe und Weite« atmet.

Peter Dyckhoff

Vorwort

Ein harter Schicksalsschlag traf meine Familie, und ich war gezwungen, von heute auf morgen sowohl mein berufliches als auch mein privates Leben zu ändern. Es war ein Schock für meine Mutter, meine Schwester und mich, als Vater tödlich verunglückte. Damit das Leben – wenigstens äußerlich – weiterging, übernahm ich seinen kaufmännisch-technischen Beruf mit viel Verantwortung. Diese Tätigkeit, in die ich mich plötzlich einarbeiten musste – ich war noch jung und kam von der Universität – lag mir in keiner Weise. Ich versuchte zwar, allen und allem gerecht zu werden, doch fehlten mir letztlich die Erfahrung, das Wissen und Durchsetzungsvermögen. Obgleich es nach außen nicht sofort auffiel, spürte ich, wie ich versagte. Ich durfte und konnte es nicht zugeben und griff stattdessen zu Alkohol und Tabletten. Im Laufe der Jahre war es kein Leben mehr, wie ich es mir früher einmal vorgestellt und vorgenommen hatte. Ich fühlte mich in mir selbst gefangen und ohnmächtig.

Alle guten Vorsätze und Versuche, aus diesem Tief herauszukommen, scheiterten und ich fiel umso tiefer. Es war wie ein Sterben mitten im Leben. Meinen christlichen Glauben erlebte ich als zusätzliche Anforderung an mich, etwas zu leisten und Erwartungen zu erfüllen. Fast an die zehn Jahre vergingen, bis ich mit meinem allmählichen Abstieg in Bereiche kam, die nicht mehr zu verantworten waren. Und ich suchte verzweifelt nach Auswegen, die mir jedoch letztlich verschlossen blieben.

Tief unten angelangt, erreichte mich eines Tages eine Einladung, an einem Kursus zur Einübung in das Ruhegebet teilzunehmen. Nach anfänglichem Zögern – was hatte das Beten mir denn schon an Gutem gebracht? – sagte ich zu. Bereits während des Kursus durfte ich erfahren, dass keine Leistung gefordert war, sondern durch Hingabe im Gebet man sich als Erstes im Loslassen übte. In den darauf folgenden Wochen – ich übte regelmäßig das Ruhegebet – geschah eine Wandlung in mir, die zu einem tiefgreifenden grundlegenden Glauben führte. Zunächst fielen mir körperliche Veränderungen auf:

- Schon nach einigen Tagen erfuhr ich einen wohltuenden Zustand tiefer Ruhe für Körper, Geist und Seele.
- Meine Spannungskopfschmerzen, die mich oft bis an den Rand der Verzweiflung gebracht hatten, nahmen ab – bis sie nach Jahren ganz verschwanden.
- Der Konsum von Schmerzmitteln, Schlaftabletten und auch von Alkohol reduzierte sich bereits nach einigen Wochen. Das Verlangen nach Alkohol schwand mehr und mehr, und die Notwendigkeit, Tabletten einzunehmen, war immer seltener gegeben.
- Eine langsame, sich von selbst einstellende Veränderung der Ernährung führte zu körperlicher Entlastung und zu größerem Wohlbefinden.
- Eine Normalisierung meines zu niedrigen Blutdrucks trat ein; er wurde jedoch erst nach mehreren Jahren konstant.
- Ich litt unter starken Schlafstörungen und führte diese auf Überarbeitung und Übermüdung zurück. Von diesem weitverbreiteten Leiden – wie der Umsatz von Schlafmitteln beweist – wurde ich durch das Ruhegebet völlig befreit.

- Die Anfälligkeit für Krankheiten – vornehmlich Grippe-erkrankungen – hat nicht nur abgenommen, sondern ist fast gänzlich verschwunden. Ich bin sicher, dass durch das Ruhegebet das Immunsystem gestärkt wird.

Neben diesen und anderen körperlichen Verbesserungen durfte ich gleichzeitig eine größere psychische Stabilität und Belastbarkeit erfahren. Wie ich später gesehen habe, werden viele dieser Veränderungen, die ich mit mir und an mir erleben durfte, durch wissenschaftliche Untersuchungen bestätigt, die man weltweit an Meditierenden und denjenigen, die das Ruhegebet üben, durchführte:

- Durchhaltevermögen und Ausdauer wurden gestärkt.
- Es zeigte sich eine Leistungssteigerung bei der Arbeit.
- Obwohl ich mehr und länger arbeitete, fühlte ich mich weniger angestrengt.
- Nach Ermüdungen und Erschöpfungen erholte ich mich schneller.
- Vorurteile nahmen ab. Urteile wurden objektiver.
- Nichts brachte mich mehr so leicht aus der Fassung.
- Die Tage wurden erfüllender erlebt.
- Selbstachtung und mein Selbstvertrauen wurden größer.
- Träume waren nicht mehr so angstbesetzt und unangenehm wie früher.
- Größere Lebensfreude führte zu einer gesteigerten Vitalität.
- Ich wurde gelassener und fähig, längere Zeit allein zu verbringen.
- Zielgerichtetheit und Kreativität wurden gefördert.
- Einiges, was ich mir seit Langem wünschte, fiel mir »wie von selbst« zu.

Auf dieser erneuerten und für mich wunderbaren Grundlage konnte ich nach zwölf Jahren meinen Arbeitsplatz verlassen, und mein sehnlichster Wunsch, Priester zu werden, erfüllte sich.

Vielen Menschen in Bedrängnis durfte ich bisher helfen, indem ich sie in die Praxis des Ruhegebetes einwies; aber auch Menschen, die ihr Leben erfüllender leben und vor allem ihren Glauben vertiefen möchten, erlernen diese Gebetsweise mit großem Gewinn.

Mit dieser Schrift zum Erlernen des Ruhegebetes möchte ich dem Wunsch vieler entgegenkommen, die keine Möglichkeit haben, einen Kursus zu besuchen, oder niemanden kennen, der sie in diese einfache und gleichzeitig so überaus wirkungsvolle Gebetsweise einführt.

Als Erstes möchte ich erwähnen, dass das Ruhegebet christlichen Quellen entspringt und die Urform des späteren auf dem Berg Athos und in Russland gepflegten Jesus- oder Herzensgebetes darstellt.

Johannes Cassian, der Mönchsvater (360–435), brachte das Ruhegebet als christliches Gebet ins Abendland. Diese frühe mönchische Gebetsweise hat als eine Quelle christlichen Lebens ihre Bedeutung und Aktualität bis heute nicht verloren. Unsere christliche Gegenwart ist von tiefer Sehnsucht nach Verankerung im Glauben und Gotteserfahrung erfüllt und sucht nach alten christlichen Quellen mit überzeugenden und leicht gangbaren Wegen. Cassian war über sechzig Jahre alt, als er die dreißig Jahre zuvor mit verschiedenen Mönchsvätern in der ägyptischen Wüste geführten Gespräche zu einer Schrift zusammenfasste, die er »24 Unterredungen mit den Vätern« (Collationes) nannte. Seine eigene Lebens- und Gebetserfahrung mit dem Ruhegebet ergänzte ganz selbstverständlich die früheren Gebetsanweisungen seiner

Lehrer, zu denen vor allem Evagrius Pontikus (345–399) gehörte.

Das tiefste Anliegen Cassians ist es, dass der Betende in allem und durch alles in seinem Leben eine Begegnung mit dem Schöpfer erfährt, dem Urgrund allen Seins, mit Gott, der die Liebe ist. Im Gegensatz zur orthodoxen Kirche in Russland und der Tradition auf dem Berg Athos, wo bis heute das Ruhegebet beziehungsweise das Jesus- oder Herzensgebet lebendige Spiritualität ist, geriet es im Westen durch eine zunehmende »Verkopfung« in Vergessenheit.

Evagrius Pontikus lehrte Cassian das Ruhegebet, ein rein geistliches Gebet, frei aller Bildlichkeit. Cassian beschreibt genau die Methode des Gebetes. Ein einziger kurzer Satz wird als Mittel benutzt, die nötige Stille zu erlangen. Die Fülle der Gedanken wird durch die strenge Armut eines einzigen Verses mehr und mehr reduziert. Durch die Übung des Ruhegebetes wird die Reinheit des Herzens zu einem andauernden Zustand, der einen entscheidenden Wendepunkt auf dem geistlichen Weg des Christen darstellt. Die Wüstenväter wussten, dass diese Art des Betens eine große Herausforderung bedeutet: Die meisten Menschen können nur sehr schwer begreifen, dass die Wahrheit und das Wesentliche so einfach sind. Aus dieser Erkenntnis heraus wurden ihre Schüler erst nach langer Vorbereitung und Prüfungen in die tieferen Geheimnisse des Gebetes eingeführt.

Die aus dem Ruhegebet gewonnene Ruhe kann nicht nur helfen, den Alltag kraftvoller und sicherer zu bestehen, sondern sie schenkt auch das Gefühl der letzten Geborgenheit in Gott und somit Mut zum Loslassen. Die Grundhaltung in diesem Gebet ist die eines Empfangenden, der sich vertrauend und »willenlos« auf Gott verlässt. Die Hingabe des eigenen Willens an Gott wird eingeübt, damit – gestärkt durch seine Gabe – mit neuer Willenskraft unsere Aufgaben wieder angegangen werden können. Folgt der Betende den Anweisungen Cassians, breitet sich eine große und innere Ruhe aus. Diese Ruhe wird zum Schutz gegen neue Störfaktoren, leitet eine Entgrenzung auf Gott ein und stabilisiert Geist und Körper.

Cassians prägender Einfluss ist nicht allein bei Benedikt von Nursia spürbar, sondern auch bei anderen bedeutenden Ordensstiftern und Theologen wie beispielsweise Dominikus, Thomas von Aquin, Thomas von Kempen, Ignatius von Loyola, Teresa von Avila, Johannes vom Kreuz, Franz von Sales. Der Einfluss des cassianischen Ruhegebetes auf die Gebetsweise der Mönche vom Berg Athos ist unverkennbar. Er wird weiterhin sichtbar in den Lehren und Werken der russischen Starzen und geht über zur »Philokalie« und zum »Russischen Pilger«.

Das von Cassian gelehrte Ruhegebet ist auf das Neue Testament zurückzuführen. Dabei liegt der Schwerpunkt auf dem Gebet Jesu. Für Cassian war der herausragendste geistliche Mönchsvater und Lehrer der ägyptischen Wüste Evagrius Pontikus, ein geistlicher Schüler des Origenes (185–254/55). Wesentlich mitbestimmend für das cassianische Ruhegebet ist die »Antirrhesis«, die Absage an das Böse und an widergöttliche Gedanken, eine von den Wüstenvätern geübte Gebetsweise in Form von Stoßgebeten.

Einer Welt, die von zerstörerischen Kräften bedroht ist, aber zutiefst die Sehnsucht nach Frieden und göttlicher Nähe verspürt, kommt das Ruhegebet in seiner Einfachheit und gleichzeitig großen Wirksamkeit entgegen. So wünsche ich mir, dass dieses Buch nicht nur von vielen Menschen gelesen wird, sondern dass sie auch das Ruhegebet üben und eines

Tages von wunderbaren Veränderungen in ihrem Leben berichten können.

Sollten Sie zu den einzelnen Kapiteln oder Stationen des Gebetsweges Fragen haben, so wenden Sie sich gern an die Lehrenden des Ruhegebetes: www.ruhegebet.com

Ihr Pfarrer Dr. Peter Dyckhoff

I. Einleitung
Einübung des Ruhegebetes nach Johannes Cassian

1. Worauf kommt es an

Eine den ganzen Menschen ansprechende Gebetsweise, wirksame Wege zur Persönlichkeitsentfaltung und Glaubensvertiefung sind heute wichtiger denn je:

- Momente des Wohlbefindens und der wahren geistlichen Freude finden sich bei vielen Menschen selten.
- Es gibt bemerkenswerte Zeichen dafür, dass große Sehnsucht nach echter Ursprünglichkeit und Natürlichkeit besteht.
- Der Körper macht Anspannungen und Leiden sichtbar, indem er unverarbeitete innere Vorgänge, Erfahrungen und Gefühle in mannigfaltiger Weise widerspiegelt.
- Seelische Belastungen drücken sich in körperlichen Spannungen aus, die auch das Gefühlsspektrum eingrenzen.
- Viele Menschen verbringen ihr Leben ohne zu beten. Oft macht das Leiden sie erst reif, ihr wahres Wesen einmal wirklich zu spüren und die Notwendigkeit des Betens zu erkennen.
- Verkrampfungen oder ein Sich-Gehenlassen stehen der individuellen Selbstverwirklichung und dem persönlichen Beten im Wege.

- Die Sehnsucht nach Glaubenserfahrung und -vertiefung ist überaus groß – selbst wenn sie von den meisten Menschen nicht zugegeben wird.

Jede Arbeit, jeder Beruf und jede Kunst bedürfen – damit das Werk gelingt – der Übung. Wir besitzen ein ungeahntes Potenzial an Kräften, das nicht genutzt wird. Es gehört daher zu den wesentlichen Aufgaben eines Menschen, sich zu entwickeln und sich zu sich selbst zu entfalten, um somit größere Gottesnähe und Liebe zu erfahren. Das, was wir sein könnten und sollten, werden wir nicht von selbst: Wir müssen lernen, üben, Erfahrungen sammeln und verarbeiten. Vor allem jedoch sollten wir dem Schöpfer einen Teil unserer Zeit zurückschenken, damit er uns mit seiner Gnade erfüllen kann. Der tiefere Sinn des Ruhegebetes kann zwar durch Worte und Erfahrungsberichte der Menschen, die diesen Weg gegangen sind und gehen, angedeutet werden, in der Hauptsache jedoch muss jeder seine individuellen Erfahrungen auf diesem Gebetsweg machen. Das Ruhegebet spricht den ganzen Menschen an und verwandelt ihn dahingehend, dass er sich mehr und mehr der erbarmenden Liebe Gottes öffnet. Gerade diejenigen, die von sich sagen, nicht beten zu können oder die Freude am Beten verloren haben, werden durch erste Erfahrungen mit dem Ruhegebet ermutigt, ihr Gebetsleben neu zu beginnen. Diese Art zu beten hat wunderbare Auswirkungen auf das eigene Leben, auf das Leben anderer Menschen und auf die gesamte Schöpfung.

2. Was sollte man wissen, bevor man beginnt?

- Das Ruhegebet ist leicht zu erlernen, einfach und unkompliziert durchzuführen.
- Es hat nichts mit Leistung zu tun. Es muss auch nichts erreicht oder erledigt werden.
- Wenngleich diese Gebetsweise auch in der Gruppe ausgeführt werden kann, so bleibt sie doch Angelegenheit des Einzelnen.
- Das Ruhegebet verlangt keine bestimmten Verhaltensweisen, sondern nur die Hingabe an Gott.
- Eine tiefere Dimension des Lebens und des Glaubens wird erschlossen, eine Dimension, die trägt, Hoffnung gibt und Bereicherung schenkt.
- Durch einfach nachvollziehbare Schritte in eine größere Innerlichkeit wird mitten im Alltag ein Weg bereitet, der das Leben nicht nur besser gelingen lässt, sondern auch zu einer umfassenderen Liebe führt, zu Gott, dem Ursprung allen Seins.
- Auf dem Übungsweg geht es nicht um ein zu bewältigendes Pensum oder darum, etwas Neuartiges zu suchen, sondern um die Tiefe der Erfahrung.

Viele Menschen leben zu wenig aus ihrer eigenen Mitte und spüren ihre eigenen Gefühle und Intentionen zu wenig oder gar nicht. Die Folge ist, dass sie sich nicht an wichtigen und wesentlichen Bedürfnissen orientieren, sondern mehr und mehr dem folgen, was andere tun oder gar den Wünschen und Erwartungen anderer.

Das Ruhegebet vermittelt die drei klassischen Wege des mystischen Gebetes:

- den Weg der Reinigung
- den Weg der Erleuchtung
- den Weg der Einigung

Durch Reinigung und Befreiung wird das Herz weit, um sich auf Gott auszurichten, und der Glaube wird vertieft. Der Betende lernt durch das Beispiel Christi das Gebet der Hingabe, das ihn mehr und mehr zum eigentlichen Wesen führt und den Willen Gottes erkennen lässt. Es geht um ein Loslassen des Ich, um ein Geschehenlassen und um ein neues Wahrnehmen dessen, was wirklich ist und bleibt.

Als Michelangelo Hammer und Meißel an einen rohen Marmorblock ansetzte, wurde er nach seinem Vorhaben gefragt. Er antwortete:»In diesem Felsen ist ein Engel eingesperrt, und ich habe vor, ihn zu befreien.« Das Bild ruht bereits im Marmorblock, doch ist seine Form für den Betrachter noch verborgen. Bearbeitet der Bildhauer den rohen Stein, entfernt er alles, was dem reinen Anblick des noch unsichtbaren Bildes im Wege steht. Erst langsam kristallisiert sich die klare Form heraus, und das wahre Bild kommt in seiner verborgenen Schönheit zum Vorschein. Wie der Bildhauer die Hülle abmeißelt, die die Statue verbirgt, so räumt der Betende, seinem Lebensrhythmus entsprechend, durch die erste Stufe des Ruhegebetes mit aller Vorsicht die Hindernisse zur Seite, die die Leuchtkraft seines eigentlichen Wesens verschatten. Es werden nach und nach Kräfte freigesetzt, die aus dem Zwang und der Enge anerzogener und übernommener Verhaltensmuster befreien, in die das Erbgut, die Familie, die Erziehung, der Staat und die Gesellschaft oder gar die Religion eventuell den Betreffenden hineingezwängt haben. Wenn der Bildhauer die in den Stein eingesperrte Statue behutsam befreit, bemüht er sich genauso behutsam um das abzulösende Gestein. Nur durch sorgfältiges Annehmen und Bejahen des jeweiligen Ist-Zustandes, nicht durch Geringschätzung von Hindernissen oder sogar deren Ablehnung oder Leugnung, kann positive Veränderung, Wandlung und damit Entwicklung erfolgen. Mit dem schrittweisen Entfernen dessen, was das Wesentliche verbirgt, nähern wir uns dem Wesen.

Ist jemand über einen längeren Zeitraum nicht im Lot, so ist er leicht verletzbar und zu kränken; er ist gereizt, ständig in Abwehrstellung, ohne Kontakt zu anderen und äußerst störanfällig. Das Ruhegebet führt auf sanfte Weise zu größerer körperlicher und seelischer Entspannung, damit die nicht aktivierten Kräfte befreit werden und zum Vorschein kommen können. Die nicht genutzten, verborgenen Energien werden freigesetzt; sie werden dem Betenden bewusst, und er kann sie in seinem Alltag heilbringend und zur Ehre Gottes gezielt einsetzen. Willentlich kann man mit dem Ruhegebet nichts erreichen. Wird es regelmäßig ausgeführt und hat der Betende dabei keine bestimmten Erwartungen, stellen sich von selbst gelöste Ruhe und heitere Gelassenheit ein. Die Bereinigung des inneren Lebens führt wiederum zur Richtigstellung der äußeren Haltung allen und allem gegenüber.

Neben körperlichen Aspekten, die zur Gesundung beitragen, bedeutet das Ruhegebet gleichzeitig innere Einkehr und Umkehr, ein Loslassen von dem, was bindet und festhält und ein Zulassen des Wesentlichen. Die Ruhe für Körper, Geist und Seele führt zum wahren Selbst. Auf diesem Weg geschieht Verwandlung, die nur auf der Grundlage des Loslassens von Erreichtem erfolgen kann. Im Ruhegebet übt der

Betende die Entgrenzung – die Voraussetzung für den Fortschritt auf dem geistlichen Weg.

Selbst auf die Gefahr hin, dass zu viele Erklärungen zu diesen guten Auswirkungen des Ruhegebetes die individuelle Erfahrung beschränken oder eingrenzen, sollen sie noch einmal zusammengefasst werden:

- Veränderungen des körperlichen, seelischen und geistlichen Zustandes und somit der gesamten Lebenseinstellung werden spürbar.
- Körper und Geist kommen ins Gleichgewicht.
- Der Betende überlässt sich ganz dem Schöpfer und wird zum Empfangenden: offen für das Strömen der Liebe und den Atem des Geistes Gottes.
- Der Übende wird aus einer Zerfahrenheit und aus einer fehlerhaften inneren und äußeren Haltung zurückgeholt.
- Vielfach können Ermüdungserscheinungen, Verspannungen und Schmerzen des täglichen Lebens vermieden werden.
- Schon nach kurzer Zeit ist spürbar, wie der Körper »auflebt«. Man lernt ihn anders wertzuschätzen statt ihn – wie so oft – nur zu »ertragen« oder ihn gar zu zwingen.
- Umfassende Wahrnehmung der Wirklichkeit und neue Spontaneität werden dem Übenden geschenkt.
- Das Ruhegebet lockert die Spannung, mildert die Belastungen des Tages und gibt der Seele die ersehnte Ruhe und einen tiefen inneren Frieden.
- Bereits wenige Gebetsminuten bringen sowohl geistig als auch körperlich Entspannung, Ruhe und Frieden.
- Elastizität, gute körperliche und geistige Gesundheit sowie religiöse Erfahrungen stellen sich ein, wenn das Ruhegebet regelmäßig praktiziert wird.

Das Gebetsleben vieler Menschen ist oft verarmt und hat sich ins rein Verstandesmäßige zurückgezogen. Wie sehr das Ruhegebet den ganzen Menschen ergreift und verändert, ist in vielen Erfahrungsberichten belegt. Es ist kaum vorstellbar, wie die einfache Übung der Hingabe derartige Wirkungen auf Leib und Seele ausübt. Da Leib und Seele aufeinander bezogen und nicht zu trennen sind, drückt unser Körper – vornehmlich die Haltung, die Augen und besonders die Hände – unsere seelische Befindlichkeit aus.

Wie von selbst kann sich im Ruhegebet das menschliche Wesen, das ureigentlich und letztlich ein göttliches ist, besser entfalten und klarer in die Welt hinein leuchten, wenn der Strahlkraft sowohl körperlich als auch geistig nichts mehr im Wege steht. Daher ist es wichtig, das Ziel dieses Gebetes nicht aus dem Bewusstsein zu verlieren. Es besteht nicht darin, etwas zu »können« oder zu »leisten«, sondern einzig und allein Hingabe zu erreichen, damit das Wesentliche – die Liebe und die Gnade des Schöpfers – durch uns transparent wird. Der Sinn des Ruhegebetes ist Verwandlung, sodass sich das durchsetzen kann, was der Mensch wirklich und eigentlich ist: Geschöpf oder Kind Gottes, das in Verbindung mit seinem Ursprung steht, der Liebe ist.

Die Übungswege, die hier nach Johannes Cassian aufgezeigt werden, stimmen mit dem Kern der christlichen Tradition überein. Sie beinhalten ein geistig-religiöses Wachstum und tragen wesentlich dazu bei, uns selbst als Menschen in der Verwirklichung anzunehmen und gleichzeitig die Grenzen zu akzeptieren, in denen wir hier und jetzt leben dürfen oder müssen. Die Widersprüche bleiben – wir lernen, sie bewusst auszutragen. Darunter wächst jedoch die Sehnsucht, die uns zu dem Ur-Einen drängt, bei dem alle Widersprüche aufgehoben sind. Der erste Schritt auf dem Gebetsweg besteht im Loslassen – loslassen von Gedankengängen, von tief verwurzelten und eingefahrenen Ansichten und Denkweisen. Hierdurch wird der Betende frei von Vorurteilen, Zwängen und Ängsten und wird gelassener. Hinter dem Begriff »Gelassenheit« stand ursprünglich der Gedanke, sich Gott zu lassen, zu überlassen. In diesem Sinne schrieb der Arzt und Mystiker Angelus Silesius (1624–1677) im »Cherubinischen Wandersmann«:

»Was ist Gelassenheit? Ich sag' ohn' Heuchelei,
dass es in deiner Seel' der Wille Jesu sei.« (II, 144)

1750 ergänzte Gerhard Tersteegen diesen Gedanken, als er Jesus zum Leser sprechen lässt:
»Kind, willst du mich recht fassen, so musst du dich mir lassen;
Wer sich und alles lässt, der hat mich ewig fest.«

Das Ruhegebet eröffnet eine tiefe christliche Religiosität.
- Der Betende erfährt, dass er Körper, Geist und Seele ist – und dazu gehört eine nicht mit Gedanken fassbare Innerlichkeit.
- Er lernt, sich auf sein Selbst zu besinnen, sein eigenes Bewusstsein zu vertiefen und den Energiefluss zwischen Körper, Geist und Seele anzuregen.
- Die Ruhe vor Gott vertieft die Gebetserfahrungen und gibt ihnen mehr Kraft.

3. Um sicher zu gehen ...

◆ Das Ruhegebet kann von allen Menschen bedenkenlos praktiziert werden – unabhängig vom Alter oder der Konfession.

◆ Wer jedoch unter hohem Blutdruck, Herzbeschwerden, Atemproblemen, Netzhautablösungen oder Rückenschmerzen leidet, wer ein Kind erwartet, sich gerade von einer Operation erholt oder unter einer chronischen Krankheit leidet, sollte unbedingt vorher einen Arzt fragen.

◆ Psychisch labile und kranke Menschen sollten diesen Weg allerdings nur in Abstimmung mit ihrem Arzt und dann in Begleitung eines erfahrenen Geistlichen gehen. Dasselbe gilt für Alkoholiker und diejenigen, die von Drogen abhängig sind oder waren.

◆ Die Einübung in das Ruhegebet ist ein christlicher Weg für alle, die über die Begrenztheit im Alltag hinaus wollen, um von der wirklichen, unerschöpflichen Kraftquelle zu erfahren – unabhängig vom Beruf, dem persönlichen Lebensweg und theologischem Wissen.

◆ Das tiefste Anliegen des Ruhegebetes besteht darin, dass der Betende in allem und durch alles eine Begegnung mit dem Schöpfer erfährt, dem Urgrund allen Seins, mit Gott, der die Liebe ist.

4. Damit der Einstieg besser gelingt ...

◆ Bitte halten Sie sich genau an die Anweisungen. Veränderungen nach eigenem Ermessen entsprechen nicht der Tradition des Ruhegebetes und sollten unter allen Umständen vermieden werden. Auf spezielle Gefahren, zum Beispiel das Ruhegebet mit dem Atemrhythmus zu verbinden, wird an entsprechender Stelle im Text ausdrücklich hingewiesen.

- Die Einübung in das Ruhegebet und die Vermittlung des dazu gehörenden Grundwissens erfolgt in einzelnen Schritten analog der Anweisung Cassians, einem Mönchsvater des 4./5. Jahrhunderts. Sie sollten auf keinen Fall Einheiten überspringen, vorziehen oder beliebig auswählen. Jeder Schritt baut auf der individuellen Erfahrung des vorhergehenden Schrittes auf.
- Unter Zeitdruck sollten Sie mit der Einübung in das Ruhegebet nicht beginnen. Auch sollten Sie nicht versuchen, schnell und »nebenbei« etwas für sich zu gewinnen. Bei einer solchen Haltung geht der Wert dieser Gebetslehre und die eigentliche Tiefe verloren. Sie erreichen eher das Gegenteil.
- Das Ruhegebet kann überall ausgeführt werden – jedoch sollte der Raum nicht zu warm und nicht zu kalt sein.
- Die besten Zeiten zum Üben sind morgens oder abends vor dem Essen.
- Es wird empfohlen, nicht unmittelbar vor dem Schlafengehen das Ruhegebet zu üben, da sich sonst durch den aktivierenden Charakter Einschlafschwierigkeiten einstellen können.
- Es ist ratsam, vor den Übungen den Mund auszuspülen und das Notwendige zu verrichten.
- Die empfohlene Haltung, um schneller in eine tiefere Ruhe für Körper, Geist und Seele zu kommen, ist das aufrechte Sitzen. Der Kopf wird als Verlängerung der Wirbelsäule gespürt. Beim Beten jedoch wird den körperlichen Aspekten keine weitere Beachtung geschenkt.

- Anstrengungen sind unter allen Umständen zu vermeiden.
- Die hervorgehobenen Texte beinhalten Zitate, Erfahrungsberichte und Symbolgeschichten, die zur Vertiefung der Einübung gedacht sind. In Kursen zur Einübung in das Ruhegebet wurden sie besonders dann gern angenommen, wenn entsprechende Erfahrungen gemacht wurden oder Unsicherheiten auftraten. Diese gekennzeichneten Texte können Sie überschlagen, wenn Sie schneller in die Praxis des Ruhegebetes eingeführt werden möchten.
- Die praktischen Schritte und das dazugehörige Wissen entsprechen alter christlich-mönchischer Tradition. Sie erhalten die Einübung in das Ruhegebet auf dieser Grundlage und aus einer jahrzehntelangen Erfahrung des Verfassers dieser Anleitung und nicht zuletzt auch aus der Erfahrung der Menschen, die bei ihm Kurse besuchten.

Bevor Sie mit dem Kursus zur Einübung in das Ruhegebet beginnen, sollten Sie wissen, auf welch kostbaren Schatz der frühen christlichen Kirche Sie sich einlassen. Sie erfahren, was das Ruhegebet ist, woher es kommt und vor allem, welche generellen Wirkungen es für Körper, Geist und Seele zeigt und wie es durch den Betenden sogar die Umwelt verändert. Nur mit diesem Wissen und Ihrer eigenen Gebetserfahrung können Sie das Ruhegebet wirklich wertschätzen.

Sie machen in der Nachsaison Urlaub auf einer Nordseeinsel. Die Strände sind leer. An manchen Tagen treibt der orkanartige Westwind das aufgebrachte Meer bis an die Dünen. Dann genießen Sie wieder sanfte, sonnige Tage, an denen Sie stundenlang am Strand spazieren gehen. Ihre Füße baden im noch sonnengewärmten Meer und hinterlassen im Sand tiefe Eindrücke, die von der nächsten Welle jedoch wieder zugespült werden. Weit vor Ihnen geht jemand mit energischem Schritt, den Blick in die Ferne gerichtet, ohne stehen zu bleiben. Er scheint das Hier und Jetzt nicht wahrzunehmen und den kostbaren Wert des Augenblicks nicht wertzuschätzen.

Im Gegensatz zu diesem Menschen, der unachtsam über die Schätze der Natur hinweggeht und sie teilweise sogar zertritt, halten Sie inne und schauen sich um. Sie nehmen das Meer und den muschelbedeckten Sand wahr, über den Sie schreiten. Die Gelassenheit und die Ruhe, mit der Sie sich umschauen, schenkt Ihnen diese tiefere Wahrnehmung. Vor Ihren Füßen liegt etwas, was der andere unwissend überging: Das Meer hat ein großes Stück Bernstein freigegeben und an den Strand gerollt. Sie wissen, um welche Kostbarkeit es sich handelt, halten inne, heben den Stein auf und nennen ihn Ihr Eigen – Sie wissen, dass der Bernstein seit Alters her zu den kostbarsten Schmucksteinen gehört und aus dem fossilen Harz der in einer Naturkatastrophe untergegangenen nordischen Wälder entstand.

Hätten Sie nicht um den Wert und die Kostbarkeit dieses Steines gewusst, hätten Sie ihn sicher als wertlosen braun-gelben Sandstein angesehen und liegen lassen. Viele freuen sich mit Ihnen – andere beneiden Sie wortlos darum.

Ein kostbares Gut liegt Ihnen zu Füßen. Sie müssen nur innehalten, es erkennen können, um seinen Wert wissen und es annehmen. Sie haben das Ruhegebet entdeckt und möchten es für sich in seiner ganzen möglichen Fülle anwenden. Dies kann jedoch nur dann erfolgreich sein, wenn Sie

- sich genügend auf die Praxis vorbereiten,
- das Ruhegebet auf dem bewährten cassianischen Weg einüben,
- die sich einstellenden Erfahrungen mit immer neuem Wissen anreichern und pflegen.

Die Erfahrung tiefer Ruhe lässt von selbst allgemeine und religiöse Fragen aufkommen, die nach einer umfangreichen und zufriedenstellenden Beantwortung drängen – oft jedoch erst, wenn diese Einübung weit hinter Ihnen liegt. Um dann eventuellen Unsicherheiten zu begegnen, ist es nicht nur ratsam, sondern nahezu unverzichtbar, sich gleich das zum Ruhegebet gehörende Grundwissen anzueignen. Die Tradition des Ruhegebetes und die vielen Erfahrungsberichte, die seit den frühen Mönchsvätern aufgezeichnet wurden, geben Ihnen Sicherheit auf Ihrem individuellen Gebetsweg und ermutigen Sie, wenn es einmal Durststrecken geben sollte. Sie stärken Sie bei Zweifeln und schützen Sie vor Umwegen, korrigieren Fehler und bestätigen vor allem Ihren Fortschritt. Es sollte daher einen ausgewogenen Wechsel geben zwischen Ihrer Gebetspraxis und dem Gewinnen des dazugehörenden Wissens. Da allzu leicht Wesentliches vergessen wird, ist es beabsichtigt und ganz im Sinne der Mönchsväter, dass manche Anweisungen mehrmals ausdrücklich wiederholt werden, die für die erfolgreiche Praxis des Ruhegebetes von größter Wichtigkeit sind.

Wenn Sie sich angesprochen fühlen und fest entschlossen sind, das Ruhegebet zu praktizieren, möge Ihnen auf dem jetzt beginnenden Weg die Unterstützung aller guten Kräfte zukommen und Gottes Gnade Sie begleiten.

II.
Hinführung zum Ruhegebet

1. Kapitel
»Nichts ist schwer, sind wir nur leicht«

»Nichts ist schwer, sind wir nur leicht.« In einer der ersten Begegnungen gab mir Johannes Bours[1] dieses Schlüsselwort – mit Absicht ohne Kommentar. Zu dieser Zeit schien mir die Tür zu dem für mich richtigen geistlichen Weg verschlossen – eine Tür, von der ich glaubte, sie ginge nach außen auf. »Nichts ist schwer, sind wir nur leicht.«[2] Ich spürte, dass dieses Wort auch für Johannes Bours selbst eine große Bedeutung hatte und aus einer tiefen Erfahrung kam. »Leicht« darf nicht mit »leicht-fertig« oder »leicht-sinnig« gleichgesetzt werden. Nichts sei schwer, »sind wir nur frei, von innen her gelockert, gelöst, gelassen, durchlässig …«.

In der jahrelangen geistlichen Beratung führte er mich zu meiner eigenen Erfahrung: Ein Gehaltensein von innen her – aus einer Mitte, die wir nicht gemacht haben, sondern die als Geschenk in uns gelegt ist, die wir nur zulassen können. Er begleitete und bestätigte mich auf diesem Erfahrungsweg. Als ich Johannes Bours zum ersten Mal begegnete, wurde ich auf eine besondere Weise von ihm angesprochen. Es war mir, als ob ich inmitten der mein Leben damals begleitenden Hektik und Unruhe den Ruf der Stille wahrgenommen hätte und neu aufmerken durfte für die Tiefenströmungen des Herzens, für die leise Sprache Gottes.

In unseren Gesprächen kristallisierte sich immer wieder die Frage heraus, wie der spezifisch geistliche und geistige Weg im und zum Christentum konkretisiert und intensiviert werden könne. Aufgrund meiner persönlichen und beruflichen Entwicklung sowie der eigenen jahrzehntelangen Erfahrungen mit dem Ruhegebet gab mir Johannes Bours den Anstoß, diese aus frühchristlichen Quellen stammende Gebetsform auch anderen Menschen zu erschließen.

Auf dem Weg des Hesychasmus – der Einübung des Gebetes der Ruhe – begleitete er mich über Jahre. Unter seiner geistlichen Führung und behutsamen Anleitung durfte ich bedeutsame Erfahrungen machen, die mein weiteres Leben ganz neu prägten. Das Ruhegebet kommt der Sehnsucht nach Ganzheit entgegen, nach Integration von Geist, Seele und Körper, nach Erkenntnis und Bewältigung des dunklen Schattens im Menschen. Durch die Wiederholung des Gebetes findet der Übende zunächst einmal zu sich selbst und lernt, seine eigene Wahl zu treffen. Er wird frei von unnötigem Ballast, durchlässig für den Geist Christi, sodass er seinen eigenen Weg erkennen, gehen und auch bejahen kann.

Es drängt mich seit meiner ersten Begegnung mit dieser Gebetsweise im Jahr 1971 immer wieder, auch anderen Menschen dieses so einfache und wirkungsvolle Gebet nahe zu bringen, ihnen den Weg zu bereiten und sie einzuführen in das Ruhegebet. Der folgende praktische Teil der Einübung in das Ruhegebet nach Johannes Cassian basiert auf der Erfahrung, die ich seither mit Tausenden von Menschen machte, denen ich diesen Weg weisen durfte. Damit aber die eigene Gebetserfahrung immer wieder richtig wertgeschätzt, eingeordnet, verstanden und intellektuell verarbeitet werden kann, sodass größere Zusammenhänge des christlichen Glaubens erkennbar werden, genügt nicht nur der Austausch von Erfahrungen mit dem Lehrer und anderen, sondern es ist zudem ein theologisches Wissen notwendig, das auf seinen Ursprung verweist und dem Betenden auf dem geistlichen Weg konkrete Antwort gibt. Das Ruhegebet als Wiederbelebung eines mehr oder weniger zugeschütteten und vergessenen geistlich-geistigen Fundamentes möchte Wegbereiter und geistlicher Begleiter sein.

Fragen und Antworten zu diesem Kapitel:[3]

1. Bei den vielen geistlichen Wegen, die angeboten werden, fällt es schwer, einen richtigen auszuwählen. Welche Kriterien sprechen für den cassianischen Gebetsweg?

Cassian und wiederum seine Lehrer legten größten Wert auf die christliche Tradition. Von Generation zu Generation waren sie bemüht, diese Gebetslehre, die ihre Wurzeln im Neuen Testament hat, unverfälscht weiterzugeben. Cassian schrieb sie in der 9. und 10. Unterredung mit den Vätern zwischen 420 und 429 nieder. Daher ist sie jedem Menschen auch heute noch zugänglich.

Zusammengefasst sprechen folgende Kriterien für den cassianischen Gebetsweg:

- Er ist in der Heiligen Schrift verwurzelt und daher christlich.
- Seine Wirkungsgeschichte reicht von den frühen Mönchsvätern bis in die Gegenwart. Unzählige Menschen sind diesen Weg gegangen, und die Schriften Cassians haben viele große geistliche Persönlichkeiten inspiriert (Benedikt, Dominikus, Ignatius von Loyola, Teresa von Avila, Johannes

vom Kreuz, Franz von Sales, Thomas von Aquin). Einen ausgetretenen und altbewährten Pfad zu gehen, führt leichter und schneller zum Ziel als sich selbst einen Weg zu suchen und zu bahnen.

♦ Das Ruhegebet schließt keinen anderen Gebetsweg aus. Im Gegenteil: Es unterstützt und fördert andere Gebetsweisen. Durch das Ruhegebet erfährt der Betende schon recht bald eine größere Gabe der Unterscheidung.

♦ Jeder Christ, der im Besitz seiner geistigen Kräfte ist, kann ohne theologische Voraussetzungen auf natürliche, einfache und anstrengungslose Weise mit dem Ruhegebet beginnen. Empfehlenswert ist es, um Umwege zu vermeiden, einen geistlichen Begleiter zu haben.

♦ Weitere hervorragende Eigenschaften dieses Gebetsweges werden erfahrbar und klar, wenn man ihn geht.

2. Warum sind Johannes Cassian und diese tiefe und einfache Gebetsweise heute so wenig bekannt?

Im Gegensatz zur orthodoxen Kirche in Russland und der Tradition auf dem Berg Athos, wo bis heute das Hesychastische Gebet oder Ruhegebet in voller Blüte steht, geriet es im Westen durch eine zunehmende »Verkopfung« in Vergessenheit. Hinzu kommt, dass die christliche Theologie sich bewusst zeitweilig von Gebetsweisen absetzte, die ihre Parallelen im Sufitum und im Hinduismus haben. Johannes Cassian gehört zwar nicht zu den größten Rhetorikern und geistlichen Schriftstellern des Christentums – er war jedoch ein Mann von höchster geistig-spiritueller Begabung mit einem tiefen Sinn für das Mystische. Nach langem Schweigen und langer Zurückgezogenheit schrieb er erst am Ende seines Lebens die Essenz seiner Gebetserfahrungen nieder: das Ruhegebet.

Der Einfluss der Spiritualität Cassians auf sehr viele geistliche Schriftsteller war von herausragender Bedeutung. Die meisten bekannten sich jedoch in früheren Jahrhunderten nicht öffentlich in ihren Werken zu Cassian, da dieser Ansätze der Lehre des Origenes vertrat. Und mit jemandem, der mit dem Kirchenbann belegt wurde, wollte man – auch indirekt – nicht in Verbindung gebracht werden ...

2. Kapitel
Über den Wert des Gebetes

Johannes Cassian, der als Erster das Ruhegebet beschrieben hat, wie auch die Mehrzahl der späteren Autoren des Ruhe- und des Jesusgebetes waren Mönche, die für andere Mönche schrieben. Doch ist dieser Gebetsweg genauso gut auch außerhalb des Klosters gangbar, denn er besitzt universalen Wert. Der Weg gilt allen Christen – ohne Ausnahme. Nikolaus Kabasilas, Metropolit von Thessalonike (1361–1363) schreibt hierzu:

> Jeder soll seine Kunst oder seinen Beruf weiter ausüben. Der General soll weiter befehlen, der Bauer den Boden bearbeiten, der Handwerker sein Handwerk ausüben. Keiner braucht von seiner gewöhnlichen Beschäftigung zu lassen. Es ist nicht nötig, sich in die Wüste zurückzuziehen oder ungewohnte Nahrung zu sich zu nehmen oder sich anders zu kleiden oder seine Gesundheit zu untergraben oder irgendetwas Ausgefallenes zu tun; denn es ist durchaus möglich, die

> ständige Betrachtung in seinem eigenen Haus zu üben,
> ohne etwas von seinem Besitz aufzugeben.[4]

Und die Äbtissin des Benediktinerinnenklosters Säben bei
Klausen in Südtirol (Italien), Schwester Marcellina Pustet
OSB, stellt fest:

> Mir scheint, dass diese »Wegweisung« dem heutigen
> Menschen (auch dem klösterlichen, der gar nicht mehr
> so »klösterlich« sein möchte) neu erschlossen werden
> kann – eben nicht als Klosteraskese, sondern als Weg
> des für Christus einfach offenen »Welt«-Menschen.[5]

Bevor der Weg des Ruhegebetes im Einzelnen beschrieben
wird, soll von der Notwendigkeit des Betens und seinem Ziel
gesprochen werden. Warum ist Beten so wichtig, und wohin
führt es, wenn ich den Weisungen der Heiligen Schrift und
denen der frühen Mönchsväter folge?

Cassian weist gleich zu Beginn seiner 9. Unterredung, der
ersten über das Gebet, auf das Wort hin: »Beten ohne Unterlass« (vgl. 1 Thessalonicher 5,16–18). Paulus bringt dieses
unablässige Beten in Zusammenhang mit immerwährender
Freude und umfassendem Dank. Freude, Gebet und Dank er-
wachsen aus der gleichen Wurzel oder demselben Urgrund.
Der Geist Gottes im Menschen lässt die Seele ohne Unterlass bei Gott sein. Die gebrochene Schöpfungsordnung jedoch hindert den Menschen, dieses Gottesbewusstsein, das er
von seinem eigentlichen Wesen her besitzt, wahrzunehmen,
zu erkennen und zu leben. Lässt denn das Leid in der Welt
eine ständige Freude zu? Führen die Lebensnotwendigkeiten
und die vielen Gedanken und existenziellen Sorgen zu einem

immerwährenden Beten? Und wie kann angesichts so vieler Ungerechtigkeiten und Kriege Dank in unseren Herzen entstehen? Betroffen und voll innerer Sehnsucht stellt der russische Pilger zu Beginn seiner Erzählung die eindringliche Frage, wie es denn möglich sei, ohne Unterlass zu beten.

In der vierundzwanzigsten Woche nach Pfingsten kam ich in eine Kirche zur Liturgie, um dort zu beten; gelesen wurde aus der Epistel an die Thessalonicher im fünften Kapitel der siebzehnte Vers, der lautet: Betet ohne Unterlass. Dieses Wort prägte sich mir besonders ein, und ich begann darüber nachzudenken, wie man wohl ohne Unterlass beten könne, wenn doch ein jeder Mensch auch andere Dinge verrichten muss, um sein Leben zu erhalten. Ich schlug in der Bibel nach und sah dort mit eigenen Augen dasselbe, was ich gehört hatte, und zwar, dass man ohne Unterlass beten, bei allem Gebet und Flehen allezeit im Geist beten und darin wachen muss in Ausdauer und allerorts mit zum Gebet erhobenen Händen. Ich dachte viel darüber nach, wusste aber nicht, wie das zu deuten sei.[6]

Inmitten der Vergänglichkeit dieses Lebens bricht im Menschen früher oder später – oft durch Schicksalsschläge, eigene Erkenntnis oder Wunderbares ausgelöst – die Sehnsucht nach einem geistlichen Leben durch. Und wer erst einmal erfahren hat, dass ein geistliches Leben, das auf Beständigkeit ausgerichtet ist, die Kraft hat, das irdische, sich ständig verändernde Leben in sich aufzunehmen und zum Besseren hin zu verwandeln, wird den starken inneren Wunsch haben, mitten in der Welt geistlich zu leben. Er macht sich wie ein Pilger auf den Weg, um in sich selbst, in anderen und der gesamten Schöpfung Bleibendes, Göttliches zu suchen und zu erfahren.

> Rabbi Baruchs Enkel, der Knabe Jechiel, spielte einst mit einem anderen Knaben Verstecken. Er verbarg sich gut und wartete, dass ihn sein Gefährte suche. Als er lange gewartet hatte, kam er aus dem Versteck; aber der andere war nirgends zu sehen. Nun merkte Jechiel, dass jener ihn von Anfang an nicht gesucht hatte. Darüber musste er weinen, kam weinend in die Stube seines Großvaters gelaufen und beklagte sich über den bösen Spielgenossen. Da flossen Rabbi Baruch die Augen über, und er sagte: »So spricht Gott auch: ›Ich verberge mich, aber keiner will mich suchen.‹«[7]

Auch von Gott geht – wie Augustinus sagt – eine Sehnsucht aus, die der Mensch ist. Doch drängt sich Gott den Menschen nicht auf, wir müssen ihn suchen, ihm begegnen, damit er uns heiligt. »Das ist es, was Gott will: eure Heiligung« (1 Thessalonicher 4,3a). Diese wird dann in einem solchen geistlichen Leben gipfeln, das zu jeglicher Zeit von tiefer innerer Freude durchzogen ist, in dem die Gottverbundenheit durch unablässiges Beten nicht mehr unterbrochen wird und wo immerwährender Dank Ausdruck der Seele ist. Für Menschen, die nach Heiligung streben, ist es wichtig zu erfahren, was eigentlich der Wille Gottes ist. »Hier wird es uns kurz und bündig gesagt: ein Leben immerwährender Freude, unablässigen Gebetes und umfassenden Dankes.«[8]

Ziel eines auf Gott ausgerichteten Lebens und Zeichen für die Vollendung des Herzens ist die beständige und ununterbrochene Verbindung mit dem Urgrund Liebe. Gott ist der Urgrund allen Seins, »Gott ist die Liebe« (1 Johannes 4,8).

Gelingt es unserem Geist, in diesen Bereich unbeweglicher Stille einzutauchen, ist er nicht nur befreit von allem, was ihn belastet, sondern er bringt auch ein neues Kraftpotenzial mit in den Alltag. Dieser Urgrund, diese alles tragende fundamentale Ruhe, die allem zugrunde liegt, wird im Schöpfungsbericht offenbar.

> So wurden Himmel und Erde vollendet und ihr ganzes Gefüge. Am siebten Tag vollendete Gott das Werk, das er geschaffen hatte, und er ruhte am siebten Tag, nachdem er sein ganzes Werk vollbracht hatte. Und Gott segnete den siebten Tag und erklärte ihn für heilig; denn an ihm ruhte Gott, nachdem er das ganze Werk der Schöpfung vollendet hatte. Das ist die Entstehungsgeschichte von Himmel und Erde, als sie erschaffen wurden. *Genesis 2,1–4a*
>
> Gedenke des Sabbats: Halte ihn heilig! Sechs Tage darfst du schaffen und jede Arbeit tun. Der siebte Tag ist ein Ruhetag, dem Herrn, deinem Gott, geweiht. An ihm darfst du keine Arbeit tun: du, dein Sohn und deine Tochter, dein Sklave und deine Sklavin, dein Vieh und der Fremde, der in deinen Stadtbereichen Wohnrecht hat. Denn in sechs Tagen hat der Herr Himmel, Erde und Meer gemacht und alles, was dazugehört; am siebten Tag ruhte er. Darum hat der Herr den Sabattag gesegnet und ihn für heilig erklärt. *Exodus 20,8–11*

Der Weg des Ruhegebetes führt zu der Erfahrung dieser göttlichen Ruhe, die alles Sein unmanifestiert in sich enthält. In diesem Zustand – und währt er zunächst einmal nur kurze Augenblicke – wird unser Gebet vollkommen sein. Damit diese erfüllenden Augenblicke häufiger und länger erfahren werden, sollten und müssen wir unser Gebet durch ein Gott gefälliges aktives Leben unterstützen und umgekehrt. Zwischen Körper, Geist und Seele besteht eine untrennbare wechselseitige Verbindung. Wie das geistliche Leben durch Gebet nach Vollendung strebt, so möchte auch unser Gutsein und alles Leben unterstützende Tun Vollendung finden. Das Gebet wird durch unsere guten Handlungen mitgetragen und gefördert, und wiederum trägt das Gebet und die mit ihm verbundene tiefe Ruhe zum Gelingen all unserer Aktivitäten bei. Ein solches Handeln kann aber nur Erfolg haben, wenn es im gleichen Urgrund wie das Gebet fest verankert und mit dem Geist Gottes geeint ist und zusammenklingt.

> Eine Welle kann sich nur zu der ihr höchstmöglichen Höhe erheben, wenn sie von der Tiefe des Ozeans getragen wird. Fehlt ihr jedoch die Tiefe des Wassers, wird sie bereits bei einem leichten Wind umschlagen und sich verflüchtigen.

Ohne festen Wurzelgrund hat nichts Bestand. Er ist die Voraussetzung, damit Leben gelingt und uns zu ewig Göttlichem tragen kann – der Sehnsucht des Menschen. Der alles tragende Grund, die unbewegte schöpferische Ruhe in Gott, ist zwar in allen Menschen grundgelegt, doch ist der Zugang vielen versperrt. Das im Wege Stehende muss beseitigt werden, sodass die Verbindung zum Fundament wieder spürbar und zugänglich wird. Cassian spricht von einem geistlichen Turm, der nur errichtet werden und zum Himmel aufragen kann, wenn sein Bau wohlüberlegt und entsprechend den vorhandenen Mitteln geplant wird. Als Erstes muss das Fundament gegründet werden, eine Arbeit, die zunächst nicht in Richtung des aufwärtsragenden Turmes geht, sondern in die entgegengesetzte Richtung. Doch ist diese Vorbereitung unnütz, und die wahren Lebenselemente können sich nicht entfalten, wenn Stress und Verspannungen nicht zuvor durch einen Reinigungsvorgang aufgelöst werden. Durch den mit dem Ruhegebet gleichzeitig verbundenen Reinigungsweg werden alte, unverarbeitete Eindrücke gelöst, Abfälle und tote Trümmer der Gefühle eliminiert, sodass mehr und mehr der lebendige und feste Boden unseres Herzens wie ein Felsengrund zum tragfähigen Lebensfundament wird (vgl. Lukas 6,48).

Einzig und allein darauf kann Leben gelingen, verglichen mit dem Aufbau des hohen und geistigen Turmes, der unerschütterlich errichtet und im Vertrauen auf seine Festigkeit über seine begrenzte Dimension hinauswachsen kann. Ruht er auf einem solchen Fundament, kann ihn kein zerstörender Einsturz treffen und nicht einmal der Angriff irgendwie beunruhigen; auch heftigste Erschütterungen und trügerische Anfeindungen vermögen ihn nicht ins Wanken zu bringen. Dem tragfähigen Fundament, dem sicheren Felsengrund, dem im Verborgenen ruhenden alles tragenden Element lässt die Heilige Schrift eine große Bedeutung zukommen.

- ◆ Darum – so spricht Gott, der Herr: Seht her, ich lege einen Grundstein in Zion, einen harten und kostbaren Eckstein, ein Fundament, das sicher und fest ist: Wer glaubt, der braucht nicht zu fliehen. *Jesaja 28,16*
- ◆ Als nun ein Wolkenbruch kam und die Wassermassen heranfluteten, als die Stürme tobten und an dem Haus rüttelten, da stürzte es nicht ein; denn es war auf Fels gebaut. *Matthäus 7,25*
- ◆ Einen anderen Grund kann niemand legen als den, der gelegt ist: Jesus Christus. *1 Korinther 3,11*

- ◆ Aber das feste Fundament, das Gott gelegt hat, kann nicht erschüttert werden. Es trägt als Siegel die Inschrift: ... Wer den Namen des Herrn nennt, meide das Unrecht. *2 Timotheus 2,19*

Obgleich wir das Fundament nicht sehen, sondern nur das, was es trägt, so ist und bleibt es doch eine notwendige Wirklichkeit. Selbst wenn wir Christus, den von Gott gelegten Grund, nicht durch die körperlichen Sinne wahrnehmen können, so gibt es doch im geistlichen Leben Wege, ihm näher zu kommen und ihn zu erfahren, damit unser Leben von ihm mitgetragen wird und uns nichts mehr zu Fall bringen kann.

Fragen und Antworten zu diesem Kapitel:

1. Was unterscheidet das Ruhegebet von ähnlichen Gebetsweisen anderer Religionen?
Das Ruhegebet ist keine Gebetstechnik, sondern es beinhaltet eine ausdrückliche persönliche Beziehung zu Gott und einen bewussten Glauben an die Menschwerdung Jesu Christi. Das Ziel dieses Gebetes besteht nicht nur darin, alle Gedanken aufzuheben und die Seele in ein bodenloses Nichts fallen zu lassen. Das Ruhegebet ist auf eine unmittelbare Begegnung ausgerichtet, auf das Du Gottes. Es setzt ein Bekenntnis des Glaubens an dieses Du als den eingeborenen Sohn Gottes voraus, der in Wahrheit zugleich göttlich und ganz und gar menschlich ist, an Gott, der in Jesus Christus zu unserem Erlöser und Heiland geworden ist.

2. Ist diese Art zu beten mit Meditation identisch?

Meditieren muss nicht Beten sein. Es gibt Meditationsweisen, die keine religiösen Inhalte besitzen, sondern lediglich eine Entspannung von Körper und Geist zum Ziel haben. Das cassianische Ruhegebet jedoch ist eine christliche Meditationsform, die die Anrufung Gottes zum Inhalt hat. Durch diese zusätzliche religiös-christliche Dimension erfährt der Betende nicht nur Entspannung für Körper und Geist, sondern Erfüllung im Glauben und somit eine seelische Entwicklung. Diese besteht darin, dass das der menschlichen Seele eingeprägte Bild Gottes belichtet und der Mensch Gott immer ähnlicher wird.

3. Ist es nicht angesichts des Leids in der Welt ein großer Egoismus den Mitmenschen gegenüber, so viel Zeit auf das Erlernen und das Praktizieren des Ruhegebetes zu verwenden?

Wir können nur geben, wenn wir haben, und nur so viel geben, wie wir haben. Viele Menschen möchten geben und helfen, doch sind sie selbst am Ende ihrer Kraft. Sie benutzen sogar das Wort »ausgebrannt« für ihren Zustand. Das Ruhegebet erlaubt uns, immer wieder neu aus verborgener Quelle Kraft zu schöpfen und Gnade zu empfangen, die wir dann mit Freude und Engagement an andere in Fülle weiterschenken dürfen. Zog sich nicht auch Jesus immer wieder zum Gebet zurück, um dem Einen, der Verbundenheit mit dem Vater, Vorrang zu geben? Nur so konnte er dem Vielen gerecht werden und seinen Lebensauftrag erfüllen. In seiner Regel, die stark vom Geist Cassians geprägt ist, sagt der heilige Benedikt: »Dem Gottesdienst soll nichts vorgezogen werden.«[9] Gott segnete den siebten Tag, an dem er ruhte, und bittet auch uns, diesen Tag zu heiligen und als

Ruhetag anzunehmen. Bedeutet dies nicht, um in einem gesunden und stabilen Gleichgewicht zu leben, dass ein Siebtel unserer Lebenszeit dieser göttlichen Ruhe vorbehalten sein sollte?

3. Kapitel
Bereitung zum Ruhegebet

Damit das Ruhegebet zu einem rechten Beten wird und wir es entsprechend einüben können, sollten wir Folgendes beachten:

- Als Erstes müssen wir äußerlich zur Ruhe kommen und dürfen körperlichen Wünschen und Begierden keine Beachtung schenken.
- Wir müssen frei werden von allem, was unsere Aufmerksamkeit ungut fesselt, und dürfen nicht einmal im Inneren einen Gedanken daran verschwenden.
- Alles dumme und unnötige Geschwätz sollten wir meiden – vornehmlich das Gerede über andere.
- Verwirrung, die durch Zorn oder übergroße Traurigkeit entsteht, dürfen wir nicht zulassen.
- Alle Sucht und Befriedigung rein egoistischer Bedürfnisse haben wir von der Wurzel her auszurotten.

Was immer unsere Seele vor der Stunde des Gebetes beeindruckt hat, steigt in ihr hoch, wenn wir beten, indem das Gedächtnis es uns einflüstert. Wir müssen also in etwa die Verfassung, in der wir uns beim Beten befinden wollen, schon vor der Gebetszeit bereiten, denn das Gebet wird von dem inneren Zustand, in dem wir uns vor dem Beten befanden, mitgeprägt.[10]

Durch einfache Verhaltensweisen, die leicht einzuüben sind, kann der Betende dem Ruhegebet den Boden bereiten. Und wiederum besteht der Zweck des Ruhegebetes darin, dem Wort Gottes und seiner liebenden Zuwendung einen Nährboden zu schaffen, der die Gnade Gottes in sich aufnehmen kann. Von diesem Fundament menschlichen Lebens aus wird sie sich ungehindert ausbreiten, sich verströmen und Dunkles in dieser Welt lichter werden lassen.

> Der Sämann sät das Wort. Auf den Weg fällt das Wort bei denen, die es zwar hören, aber sofort kommt der Satan und nimmt das Wort weg, das in sie gesät wurde. Ähnlich ist es bei den Menschen, bei denen das Wort auf felsigen Boden fällt: Sobald sie es hören, nehmen sie es freudig auf; aber sie haben keine Wurzeln, sondern sind unbeständig, und wenn sie dann um des Wortes willen bedrängt oder verfolgt werden, kommen sie sofort zu Fall. Bei anderen fällt das Wort in die Dornen: sie hören es zwar, aber die Sorgen der Welt, der trügerische Reichtum und die Gier nach all den anderen Dingen machen sich breit und ersticken es und es bringt keine Frucht. Auf guten Boden ist das Wort bei denen gesät, die es hören und aufnehmen und Frucht bringen, dreißigfach, ja sechzigfach und hundertfach. *Markus 4,14–20.*

Erstens:
Wenn wir uns zum Gebet zurückziehen möchten, sollten als Erstes alle Aktivitäten aufgegeben werden, damit wir äußerlich zur Ruhe kommen. Engagiertes äußeres Tun in

Verbindung mit dem Ruhegebet wird weder unser Handeln noch unser Beten zu einem befriedigenden Erfolg führen. Die Gefahr einer Spaltung ist gegeben, da beides einander entgegengesetzt ist. Auf der einen Seite möchten der Geist und der Körper aktiv sein und etwas leisten, und auf der anderen Seite wird der Seele, die immer ganz beteiligt sein sollte, eine Chance gegeben, tiefere Ruhe in sich aufzunehmen. Die Seele sollte unser Handeln unterstützen, und wiederum sollten Geist und Körper dem zeitweiligen Wunsch und der Sehnsucht der Seele entgegenkommen, in der Stille und im Schweigen Gott zu suchen.

Zweitens:

Viele unverarbeitete Eindrücke schlummern im Menschen und fesseln ihn teilweise so stark, dass er nicht imstande ist, er selbst zu sein.

Zwei Mönche wurden von ihrem Abt in ein benachbartes Kloster geschickt, um eine Nachricht zu überbringen. Schweigend und betend verbrachten sie viele Stunden ihres Weges. Plötzlich hörten sie – ihr Weg führte sie an einem Fluss entlang – eine Frauenstimme vom gegenüberliegenden Ufer: »Bitte, helft mir über den Fluss zu kommen. Ich möchte meine Mutter noch einmal sehen, die im Sterben liegt.« Während der eine Mönch schweigend weiterging, entledigte sich der andere seines Gewandes, schwamm durch den Fluss und holte die Frau an das diesseitige Ufer. Diese bedankte sich herzlich und eilte ihrer Wege. Nachdem der Mönch sein Habit wieder angelegt hatte, ging er seinem Mitbruder nach, der ihm ein gehöriges Stück

Weges voraus war. Als er ihn eingeholt hatte, gingen sie beide in gewohnter Weise schweigend weiter. Nach einiger Zeit jedoch begann der Mönch, der unbekümmert seinen Weg fortgesetzt hatte, dem Mitbruder heftige Vorwürfe zu machen: »Die Sünde, die du begangen hast, ist abgrundtief. Dabei kennst du unsere Regel, dass wir nicht einmal eine Frau länger anschauen dürfen. Und was hast du zusätzlich noch getan! Du hast dich entkleidet, sie berührt …« Ununterbrochen setzte er seine Anschuldigungen mit anschaulichen Bildern fort. Und selbst als er zu reden aufgehört hatte, schien es, als ob er weiterredete. Nach einer längeren Pause sagte schließlich der Mönch, der die Frau ans andere Ufer gebracht hatte, ruhig und gelassen zu seinem Mitbruder: »Trägst du sie immer noch?«

Das Ruhegebet hilft – wie wir noch sehen und selbst erfahren werden – frei zu werden von allem, was unsere Aufmerksamkeit ungut fesselt, unverarbeitete Eindrücke zu lösen und dunkle Schatten ans Licht zu bringen. Mit diesem Wissen jedoch können wir auch wiederum den Weg für das Ruhegebet bereiten, indem wir versuchen, alles das beizeiten auszusprechen oder unserer Natur nach individuell auszudrücken, von dem wir glauben und spüren, dass es uns belastet. Verdrängen wir dagegen bestimmte Lebensimpulse, sodass sie sich in uns verkrampfen, bemerken wir das Ungute in uns oft selbst gar nicht mehr und werfen anderen Menschen das vor, was wir selbst an unerfüllten Wünschen in uns tragen. Am liebsten projizieren wir oftmals unseren dunklen Schatten, um seinen beklemmenden Druck loszuwerden – unbewusst wie der Mönch, der glaubt, die Ordensregel streng befolgt zu haben – auf andere Menschen oder Institutionen. Dass dies nicht ohne Aggressionen abläuft, zeigt das tägliche Leben in unzähligen Beispielen. Die Entstehung des Schattens geht oft bis in die frühe Kindheit zurück. Sie kann sowohl schicksalhaft als auch schuldhaft sein.

David betet: »Wer bemerkt seine eigenen Fehler? Sprich mich frei von Schuld, die mir nicht bewusst ist!« (Psalm 19,13). Nur dann haben wir Mut, den eigenen Schatten wahrzunehmen und anzunehmen, wenn wir die Erfahrung gemacht haben, von einem anderen angenommen zu sein, obwohl er um unseren Schatten weiß.[11]

Drittens:
Wenn wir alles dumme und unnötige Geschwätz meiden – vornehmlich das Gerede über andere –, leisten wir dem Ruhegebet erheblichen Vorschub.

> Dieser Altvater wurde einmal von einem Bruder gefragt: »Warum urteile ich so häufig über meine Brüder?« Und er antwortete ihm: »Weil du dich noch nicht selbst kennst. Denn wer sich selber kennt, der sieht die Fehler der Brüder nicht!«[12]

Ein Hindernis auf dem geistlichen Weg nach innen sind die vielen leeren Worte und auch die entsprechenden Gedankeninhalte. Ohne uns selbst und den anderen wirklich zu kennen, kommt es oft zu schnell und oberflächlich Dahergesagtem, das den anderen nicht nur verletzt, sondern ihn auch nach unten zieht – vom Licht ins Dunkel. Hinzu kommt, dass wir selbst an dieser Gott abgewandten Bewegung teilnehmen. Die Wertschätzung der guten Eigenschaften eines Menschen dagegen hebt ihn an und motiviert ihn, noch besser zu werden. In diese, dem Licht zugewandte Bewegung sind auch wir mit einbezogen. Wie glücklich darf sich derjenige schätzen, der das Bedürfnis nicht in sich spürt, über andere schlecht zu reden oder sie gar zu beschimpfen.

Handlungen unseres Nächsten dürfen wir nicht verurteilen, ohne vorher gut nachgedacht zu haben, und außerdem nur, wenn wir für seinen Lebenswandel Verantwortung tragen. In jedem anderen Fall handeln wir fast immer schlecht ... Nicht uns müssen die anderen Rechenschaft geben über ihr Leben, sondern Gott. Gott wird von uns nicht Rechenschaft verlangen über das, was die anderen getan haben, sondern über das, was wir getan haben. Solange jemand sich damit abgibt, das Leben der anderen zu untersuchen, wird er weder sie selbst erkennen noch wird er zu Gott gehören.[13]

Die Weisung der Bergpredigt, nicht über andere etwas Schlechtes zu sagen, ist wohl die am schwersten zu erfüllende.

- Richtet nicht, damit ihr nicht gerichtet werdet. *Matthäus 7,1*
- Nicht das, was durch den Mund in den Menschen hineinkommt, macht ihn unrein, sondern das, was aus dem Mund des Menschen herauskommt, das macht ihn unrein. *Matthäus 15,11*
- Über eure Lippen komme kein böses Wort, sondern nur ein gutes, das den, der es braucht, stärkt und dem, der es hört, Nutzen bringt. *Epheser 4,29*

◆ Bei vielem Reden bleibt die Sünde nicht aus, wer seine Lippen zügelt, ist klug. *Sprichwörter 10,19*

Im Märchen der Gebrüder Grimm »Die drei grünen Zweige«[14] werden die Folgen der Selbstgerechtigkeit auf tragische Weise beschrieben. Ein weiser alter Einsiedler, der im Einklang mit sich und dem Schöpfer stand, dachte ahnungslos bei sich, als er sah, dass ein Sünder zum Galgen geführt wurde: »Jetzt widerfährt diesem sein Recht.« Allein dieser Gedanke brachte eine derartige Störung in die Schöpfung, dass der Einsiedler zurückfiel und in großer äußerer und innerer Armut sein Leben fristen musste, bis ihm am Ende Erlösung zuteil wurde.

Viertens:
Erleben wir bei uns selbst emotionale Ausbrüche, die andere verletzen, sollten wir aufhorchen und wissen, dass noch viel Ungutes in uns steckt. Weder Zorn, Ungeduld noch übergroße Traurigkeit dürfen wir auf andere Menschen übertragen und sie damit belasten, ungeduldig machen oder herunterziehen. Wir dürfen davon ausgehen, dass durch die tiefe Ruhe des Gebetes sowohl körperliche als auch nervliche und seelische Spannungen mit der Zeit der Übung gelöst werden, doch sollten wir bereits außerhalb unserer Gebetszeiten damit beginnen, uns selbst belastendes emotionales Fehlverhalten zurückzunehmen. Die Wege dazu sind individuell verschieden. Überspannungen müssen durch eine uns entsprechende Ausdrucksweise abgebaut werden, damit innere Geordnetheit entsteht und wir durch unser aktives Leben und unser Beten unsere Persönlichkeit pflegen und kultivieren können.

Fünftens:

Eine weitere, das Ruhegebet begünstigende gute Voraussetzung besteht darin, nicht allein das Ego in den Blick zu nehmen, sondern auch das Du des anderen, seine Wünsche und Bedürfnisse. Das wesentliche Thema in der Theologie des Augustinus (354–430), dem Größten der lateinischen Kirchenväter, besteht darin, dass er die Liebe zum Mitmenschen mit der Liebe zu Gott gleichsetzt. Der grundlegende Dienst vor Gott drückt sich in einem gelungenen Gemeinschaftsleben aus. In seiner Klosterregel stellt Augustinus die Nächstenliebe sogar noch über das Gebet. Das Ausgerichtetsein auf das Du des Nächsten, die Liebe zum Mitmenschen, ist für ihn das größte Lob Gottes.

Nur durch die Liebe zum Mitmenschen kannst du Gottes Liebe erfahren. Selbstverständlich gibst du Gott die Ehre durch dein Gebet, deine Anbetung, durch Versenkung und Meditation. Am meisten ehrst du ihn jedoch durch deine liebevollen Beziehungen zu anderen Menschen. Da jeder Gott in seinem Herzen trägt, sollte der hohe Wert der gegenseitigen Ehrerbietung und Achtung dir einleuchten. Du drückst das größte Lob Gott gegenüber aus, wenn du in einem guten Verhältnis zu deinen Mitmenschen stehst. In der Liebe zu deinem Nächsten begegnest du Gott, denn Gott wohnt in der Liebe.

Die Liebe ist die Erfüllung des Gesetzes Christi. Dieses Gesetz erfüllst du jedoch nur, wenn du in deinem alltäglichen und praktischen Leben die Liebe zum Nächsten pflegst. Glaubst du, Gott lieben zu können, ohne deinen Nächsten zu lieben, so scheint deine Gottesliebe nicht echt, sondern Selbstbetrug zu sein. Unser Gebet, die Teilnahme an der Eucharistiefeier und generell am sakramentalen Leben, sagt noch nichts aus über unsere eigentliche Liebe zu Gott. Wenn du keine Liebe zum Mitmenschen hast oder sie nicht pflegst und vergrößerst, bleiben auch dein Beten und deine Teilnahme an den Sakramenten unfruchtbar. Und wisse: Die echte Liebe zu deinem Nächsten kann niemals der Liebe zu Gott im Wege stehen. In einer wahren Liebe wirst du immer das Wohlergehen des anderen in deinem Blick und in deinem Herzen haben. Übe niemals Macht über einen anderen Menschen aus und benutze ihn nicht, um eigennützige Ziele zu verfolgen. Damit würdest du seine Eigenständigkeit beschränken oder gar seiner Individualität schaden.[15]

Wir wollen lieben, weil er uns zuerst geliebt hat. Wenn jemand sagt: Ich liebe Gott!, aber seinen Bruder hasst, ist er ein Lügner. Denn wer seinen Bruder nicht liebt, den er sieht, kann Gott nicht lieben, den er nicht sieht. Und dieses Gebot haben wir von ihm: Wer Gott liebt, soll auch seinen Bruder lieben. *1 Johannes 4,19–21.*

Befolgt der am Ruhegebet Interessierte diese Empfehlungen, leistet er den guten Auswirkungen des Ruhegebetes, der Entgrenzung auf Gott, einen bedeutsamen Vorschub. Die Kraft des Ruhegebetes ist jedoch so stark, dass es auch ohne jegliche Vorbereitung anwendbar ist und – wenn auch verlangsamt – zu den gleichen Zielen führt. Lassen wir Ungutes weniger oder überhaupt nicht mehr zu, wird sowohl unser Nervensystem als auch der Grund unserer Seele entlastet und alte ungelöste Eindrücke können sich besser und schneller lösen. Unser Körper und unsere Seele – beide möchten frei sein von Belastungen, die uns das Schicksal und oft genug auch wir selbst uns auferlegt haben.

Cassian spricht mit tiefsinnigen Worten von der Bereitung zum Gebet. Er meint damit nicht nur all das, was uns unmittelbar vor dem Ruhegebet beeindruckt, sondern auch die vielen ungelösten Eindrücke aus früherer Zeit, die sich – das Nervensystem und die Seele reinigend – in Bewegung setzen, wenn wir in Bereiche tieferer Ruhe eintreten.

> Die Trübsale, die einem Menschen begegnen, sind die Nachkommenschaft seiner eigenen Verfehlungen. Ertragen wir sie geduldig im Gebete, und wir werden den Genuss des Guten wiedererlangen.[16]

Der Betende, froh darüber, dass etwas Festgefahrenes und sein Wesen Verstellendes in Bewegung gerät, um ihn zu verlassen, kümmert sich auch außerhalb des Ruhegebetes nicht um die toten Trümmer seiner Vergangenheit. Allein wesentlich ist für ihn: im Gebet die erneute Ausrichtung auf Gott, und in seinem aktiven Leben die Verwirklichung des ihm von Gott Zugedachten.

> Was nutzt es jemandem, der in der Wüste von einem Sandsturm überrascht wird, ständig gegen den Sand anzukämpfen und zu versuchen, weiterzugehen? Um Überlebenskräfte zu sammeln, wird er sich klugerweise solange in seine Kleidung einrollen und passiv bleiben, bis der Sturm vorüber ist und er seinen Weg unbeschadet und ohne Energie verloren zu haben fortsetzen kann.

Zwei wichtige Faktoren, die für die Praxis des Ruhegebetes entscheidend sind, greifen hier ineinander. Einmal geht es darum, alles zu meiden, was die Seele ungut beeindruckt und unverarbeitet und unerlöst festhält; zum anderen ist es die innere Haltung und Einstellung zu allem, was durch die immer tiefer werdende Ruhe im Gebet in uns zum Vorschein kommt und aufgelöst wird. So erfüllt sich allmählich für uns das Apostelwort. »Ich will, dass die Männer überall beim Gebet ihre Hände in Reinheit erheben, frei von Zorn und Streit« (1 Timotheus 2,8).

Die reinen Hände sind Sinnbild für das lautere Herz und die von allen Schatten befreite Seele des Menschen. Aus ihnen kann zu jeder Zeit ungehindert, sowohl das Gebet zum Schöpfer aufsteigen als auch die Gnade Gottes vom Betenden empfangen werden, sodass Gottes liebende Gegenwart transparent wird.[17]

Fragen und Antworten zu diesem Kapitel:

1. Die Vorbedingungen, die zum Einüben in das Ruhegebet geschaffen werden sollten, erheben großen Anspruch. Ist das überhaupt durchführbar?

Äußerlich zur Ruhe zu kommen, ist eine unbedingte Voraussetzung für das Ruhegebet. Sie basiert auf der Weisung Jesu aus der Bergpredigt: »Du aber geh in deine Kammer, wenn du betest, und schließ die Tür zu; dann bete zu deinem Vater, der im Verborgenen ist« (Matthäus 6,6). Die anderen Punkte zur Bereitung eines reinen und aufrichtigen Betens sind Empfehlungen, die das Zur-Ruhe-Kommen im Gebet und die guten Auswirkungen außerhalb des Gebetes unterstützen. Etwas Wesentliches, was eigentlich nur aus der eigenen Erfahrung mit dem Ruhegebet verstanden werden kann, sollte klar werden.

Abgesehen von einigen äußeren Faktoren, die genannt wurden, verlangt das Ruhegebet selbst keine besondere Vorbereitung. Man kann es einüben wo und wann immer man es möchte. Einerseits helfen natürlich die das Gebet unterstützenden Verhaltensweisen, die Cassian empfiehlt, schneller und ungehinderter in eine tiefe Ruhe einzutauchen. Andererseits sind die Auswirkungen des über einen längeren Zeitraum geübten Ruhegebetes so stark, dass sich alle die von Cassian genannten Faktoren von selbst einstellen. Viele Anfänger in damaliger wie auch in heutiger Zeit fragen jedoch danach, was sie von sich aus beitragen können, um die guten Auswirkungen des Gebetes zu unterstützen und zu beschleunigen.

2. *Die Geschichte von den beiden Mönchen lässt auf wahrhaft tiefe psychologische Kenntnisse schließen. Gab es seinerzeit schon gewisse erlernte Methoden?*
Die Mönchsväter verließen sich ganz auf ihre Intuition und antworteten von ihrem inneren Gespür her auf die ihnen gestellten Fragen. Ihre Empfehlungen setzen den Prozess der Selbstwerdung in Gang und führen zu einem beständigen Leben in der Gegenwart Gottes. Auch Cassian war ein hervorragender Therapeut – ohne Psychologie »studiert« zu haben. Gefährlich sind, wie bei dem Mönch, der weiterging, die verdrängten Wünsche und Bedürfnisse, die vom Unbewussten her destruktiv wirken. Sie bewusst zu machen ist einerseits die Kunst des geistlichen Begleiters, andererseits aber auch eine der vielen guten Auswirkungen des Ruhegebetes, bei dem die Bewusstwerdung schweigend und innerlich geschieht.

3. *Wie kann das Ruhegebet, wenn nur wenig Zeit zur Verfügung steht, auf angemessene, jedoch anspruchslose Weise eingeleitet werden?*

Wenn es eben möglich ist, sollte die Zeit vor dem Ruhegebet von aller Hektik, Aufregung und Anspannung freigehalten werden, um dadurch eine günstigere Voraussetzung zu schaffen, in die Ruhe zu kommen. Es ist empfehlenswert, das Ruhegebet durch leichte körperliche und geistige Entspannungs- und Atemübungen einzuleiten. Diese sanften äußeren und inneren Bewegungsabläufe werden unbewusst bereits zu einem Gebet. Sie dauern nur zwei bis drei Minuten und sind in der Lage, auf angenehme und anstrengungslose Weise dem Ruhegebet Türen in eine größere Tiefe zu öffnen.[18]

4. Kapitel

Die Seele ist wie eine Flaumfeder ...

Man kann unsere Seele mit feinem Flaum oder einem leichten Federchen vergleichen. Sofern es nicht von außen durch Feuchtigkeit verklebt oder von Nässe beschwert ist, steigt es beim geringsten Lufthauch durch die ihm eigene Leichtigkeit und Beweglichkeit des Wesens in himmlische Höhen auf. Wenn dagegen die Flaumfeder, von Wasser beschwert, ihre Leichtigkeit verloren hat, wird sie nicht mehr, wie es ihrer Natur entspricht, von der Luft nach oben getragen, sondern durch die Last der Nässe zu Boden gedrückt.

So ist es auch mit unserer Seele. Wenn sie nicht belastet oder beschwert ist durch materielle Verstrickungen oder triebhaftes Verhalten, wird sie aufgrund ihrer Wesensreinheit durch den leisesten Gebetsimpuls[19] emporgezogen. Von aller Erdenschwere befreit, kann sich die Seele jetzt zum Himmlischen erheben.

Darum mahnt uns der Herr: »Nehmt euch in Acht, dass Rausch und Trunkenheit und die Sorgen des Alltags euch nicht verwirren« (Lukas 21,34a). Möchten wir also, dass unser Gebet bis zum Himmel dringt, so muss ein Reinigungsprozess stattfinden, der unseren Geist von allen irdischen Anhänglichkeiten und Lasten befreit. Nur dann kann unsere Seele ihre natürliche Schwerelosigkeit zurückgewinnen und unser Gebet wird, wie von selbst, zu Gott emporsteigen.

Wie sich bereits der Körper wehrt, wenn er etwas aufgenommen hat, was ihm nicht bekommt, so darf man annehmen, dass es der menschlichen Seele noch weniger zuträglich ist, wenn sie mit Dingen belastet wird, die ihr nicht eigen sind. Damit sie sich ihrer eigentlichen Natur entsprechend zum Göttlichen erheben kann, muss alles Belastende und Hinunterziehende ausgeräumt werden.

Durch die Erfahrung tiefer Ruhe, vornehmlich im Gebet, dürfen wir eindeutig sagen, dass sich nach und nach die der Seele anhaftende Schwere abbaut und sie ihre natürliche Leichtigkeit zurückgewinnt.

Ein Magneteisen wird langsam über eine Kiste mit Nägeln geführt. Ohne vom Magneten berührt zu werden, erheben sich – wie von unsichtbarer Hand geführt – einige Nägel. Trotz ihrer Schwerkraft richten sie sich auf und folgen der Kraft, die sie anspricht. Die magnetischen Energien sind stärker als die der Erdanziehung. Befinden sich jedoch rostige und miteinander verhakte Nägel in diesem Kasten, werden sie nicht so leicht zu

bewegen sein wie die rostfreien und die nicht unter-
einander verhafteten Nägel.

Auf physikalischem Gebiet entdeckte Isaac Newton
(1643–1727) die Schwerkraft und entwickelte 1666 das
Gravitationsgesetz. Er fasste die Gravitation als eine
fernwirkende Kraft auf, deren Wirkungen sich unendlich schnell ausbreiten. Es ist die Kraft, die bis in die
tiefsten Tiefen des Universums reicht und alles zusam-
menhält. Das Phänomen der Schwerelosigkeit erfahren
alle Körper, die sich frei und ohne Eigenbeschleuni-
gung in einem Schwerefeld bewegen, das heißt, wenn
sie frei fallen. Der von Newton in seinem Garten in
Cambridge beobachtete frei fallende Apfel erfährt also
Schwerelosigkeit.

Wer eine Waage tief genug herunterfallen lässt, der
sieht, dass ein Gegenstand, der darauf gewogen wurde,
plötzlich im freien Fall kein Gewicht mehr hat. Er ist
schwerelos geworden. Waage und Gewicht stürzen im
freien Fall gleich schnell in Richtung Erde und bewegen sich relativ zueinander nicht mehr.

Können nicht die magnetische Kraft und die Erdanziehung
Symbole sein für die über allem stehende göttliche Kraft der
Gnade? Sie möchte die gesamte Schöpfung und damit alle
Menschen erreichen und das Schwere und Belastende leicht
machen.

Im Johannesevangelium spricht Jesus von dieser alles umfassenden Gnadenkraft, die heilen, erlösen und zum Vater
führen möchte. »Und ich, wenn ich über die Erde erhöht bin,
werde alle zu mir ziehen« (Johannes 12,32). Christus möchte

in universaler Breite alle Menschen an sich ziehen, die sich ihm öffnen und sich von ihm bewegen und führen lassen möchten. Dadurch nimmt er den Menschen mit hinein in den Lebensbereich Gottes und entzieht ihn allen widergöttlichen Kräften, dem Bereich der Finsternis und des Todes.

Dies geschieht bereits bei der Erhöhung Jesu am Kreuz. Das sich über die Erde erhebende Kreuz jedoch weist über sich selbst hinaus und deutet damit den Aufstieg Jesu in die himmlische Welt und seine Verherrlichung an. Jesus Christus offenbart sich in seinem wahren göttlichen Wesen, indem er allen seine rettende Kraft anbietet.

> Und wie Mose die Schlange in der Wüste erhöht hat, so muss der Menschensohn erhöht werden, damit jeder, der an ihn glaubt, in ihm das ewige Leben hat. Denn Gott hat die Welt so sehr geliebt, dass er seinen einzigen Sohn hingab, damit jeder, der an ihn glaubt, nicht zugrunde geht, sondern das ewige Leben hat. Denn Gott hat seinen Sohn nicht in die Welt gesandt, damit er die Welt richtet, sondern damit die Welt durch ihn gerettet wird. *Johannes 3,14–17*

Das Kreuz ist für Johannes bereits der Ort der Verherrlichung und der Beginn der Heilsherrschaft Jesu. Jesus zieht damit alle nicht nur zu sich ans Kreuz, sondern auch in die himmlische Welt. Jesus Christus ist der Ziehende und gleichzeitig selbst das Ziel.[20] Das dieser anziehenden Kraft der Liebe Gottes im Wege Stehende, wie zum Beispiel Rausch, Trunkenheit und übertriebene Sorgen des Alltags (vgl. Lukas 21,34a), stumpft das Herz ab und beschwert und verwirrt die Seele. Der Blick für das Wesentliche, das sich uns schenken möchte, wird getrübt.

Auf das Kommen des Herrn hin spricht Lukas von der Notwendigkeit innerer und äußerer Gelöstheit aus den Bindungen dieser Welt. Damit sind auch die Sorgen des Alltags angesprochen, die viele Menschen in ihren Bann ziehen können. Was hier Lukas in den Mahnungen im Hinblick auf das Ende sagt, bezieht Cassian auf das Gebet, in das hinein der Herr sich uns schenken möchte. Nichts sollte uns daher so sehr an die »Welt« binden oder gar fesseln, dass sich unsere Seele nicht jederzeit im Gebet aufrichten und auf Gott ausrichten kann. Damit erfüllt der Betende den Wunsch Gottes und öffnet sich seinem liebenden Entgegenkommen.

> Man erzählte vom Abbas Tithoe: Wenn er beim Beten stand und nicht schnell die Hände niedersinken ließ, dann wurde sein Geist nach oben entrückt. Wenn es sich nun traf, dass Brüder mit ihm beteten, dann beeilte er sich, die Hände zu senken, damit sein Gesicht nicht fortgerissen werde und er eine Zögerung verursache![21]

Teresa von Avila (1515–1582) nennt diese Bewegung der Seele »Geisteserhebung« oder »Geistesflug«.[22]

- ◆ Die Erhebung des Geistes wurde durch die himmlische Liebe, von der die Seele innerlichst durchglüht ist, bewirkt ... Ich habe klar erkannt, dass die Erhebung eine besondere Gnade ist ... Wer aber selbst noch keine Erfahrung hierin gemacht hat, dem werden meine Worte als albernes Gerede vorkommen.[23]
- ◆ Geistesflug ist etwas, das sich – ich weiß nicht, wie man es nennt – aus dem Innersten der Seele erhebt ...

Es scheint, dass der Geist, der sich so leicht erhebt wie ein Vögelein, sich frei macht von der Sklaverei des Fleisches und dem Gefängnis des Leibes entschlüpft; so in Freiheit gesetzt, ist er fähiger, die Gnaden zu genießen, womit der Herr ihn bereichert. Dieser Flug des Geistes ist etwas sehr Erhabenes und Kostbares.[24]

+ Aber eines ist wahr: Ebenso schnell, wie die Kugel beim Abfeuern der Büchse enteilt, erhebt sich im Inneren der Seele etwas zum Fluge – ich kann es nicht anders nennen –, der zwar geräuschlos vor sich geht, aber doch eine deutlich fühlbare Bewegung hervorruft, sodass es durchaus keine bloße Einbildung sein kann.[25]

Fragen und Antworten zu diesem Kapitel:

1. Viele geistige Erneuerer haben den Menschen Ziele vor Augen gestellt, die ein normal lebender Mensch eigentlich niemals in seinem Leben erreichen kann. Liegt da bei Cassian nicht auch eine Gefahr, wenn er die Auswirkungen des Ruhegebetes so hoch ansetzt und von Zielen spricht, die utopisch scheinen?

Diese Frage ist durchaus berechtigt und wird von vielen gestellt. Zum einen darf die Sehnsucht des Menschen nach Gott niemals erlahmen. Es muss Erneuerer geben, die jeweils in ihrer Zeit die Heils- und Erwartungsbotschaften des Neuen Testaments neu formulieren und erfahrbar machen. Gemessen an den Zielen, die Jesus Christus den Menschen zum Beten vorgibt, sind diejenigen, von denen Cassian spricht, eher bescheiden. In jedem Fall ist es wichtig, nicht in der Routine und Grauzone des Alltags zu erlahmen, sondern immer neu wieder aufzubrechen und sich motiviert auf einen geistlichen Weg zu begeben.

Zum anderen bleibt vieles Theorie und Spekulation, wenn nicht – zumindest ansatzweise – entsprechende Erfahrungen gemacht werden. Ein wirklicher Individuations- und Integrationsprozess vollzieht sich erst durch das Gehen eines geistlichen Weges, der ständig neu einen Aufbruch fordert, dann aber auf heilsame Weise rechte Erkenntnis und Erfahrung miteinander verbindet.

2. *Es gibt viele Menschen, die aus einem Gebet, das von aller Erdenschwere befreit und Grenzen zu einer anderen Dimension der Wirklichkeit öffnet, nicht mehr auf den Boden der Wirklichkeit zurückgefunden haben. Wird nicht jemand, der davon gehört hat, angstbesetzt in das Ruhegebet gehen?*

Störungen und Krankheiten dieser Art treten meist nur dann auf, wenn sich jemand nicht an die aktualisierten Anweisungen hält oder meint, ohne einen geistlichen Begleiter seinen Weg gehen zu können. Eine große Gefahr besteht darin, alte Texte, die von Mönchen für Mönche geschrieben sind, ohne Weiteres in die Gegenwart zu transformieren und nach den vorgegebenen Richtlinien zu üben. Die in der Einleitung gegebenen Hinweise sollten unbedingt beachtet werden. Dazu gehört vor allem das Einhalten der Gebetszeiten von zwanzig bis höchstens dreißig Minuten zweimal am Tag. Diese relativ kurze Zeit ist weitaus wirkungsvoller als ein Zuviel. Emmanuel Jungclaussen, emeritierter Abt des Benediktinerklosters Niederaltaich, ein hervorragender Kenner des Hesychastischen Gebetes, warnt in der Einführung des von ihm herausgegebenen Buches »Aufrichtige Erzählungen eines russischen Pilgers«:

> Hier ist für einen noch Suchenden und für den Anfänger im geistlichen Leben, der ohne persönliche Führung sich auf den Weg des Jesusgebetes macht, folgende ernste Warnung angezeigt. Nach dem vorliegenden Buch scheint das Jesusgebet ein kurzer, schneller Weg zu Gott zu sein. Denn der Pilger kam in relativ kurzer Zeit zu sehr tiefen mystischen Erfahrungen. Aber das gilt zunächst nur für ihn, der – durch schwere Schicksalsschläge geläutert – in einem langen geistlichen Suchen von Gott zu diesem Pilgerleben und zum Jesus-Gebet geführt worden war. Wir Heutigen sollten das Jesus-Gebet lieber als einen langsamen, ganz allmählichen Aufstieg zu Gott betrachten. Es geht dabei vor allem um einen sehr behutsamen Anfang, in dem man zunächst täglich eine kurze Zeitspanne von etwa sieben – zehn – fünfzehn Minuten für das Jesus-Gebet ausspare, die sich später auf vielleicht dreißig Minuten ausdehnen lassen, ein- oder zweimal am Tag.[26]

5. Kapitel
Was unsere Seele beschwert

Sehr viele Menschen verlieren sich in Äußerlichkeiten und wissen oft nicht um die überaus verheerenden Folgen; manche meinen noch, ihr diesbezügliches Tun sei unschädlich oder sogar eine Stärke. Gerät man durch eigene Schuld in

Abhängigkeiten, belasten sie die Seele gravierend, nehmen ihr die Kraft zum Aufschwung, drücken sie zu Boden und trennen sie somit von Gott.

Wenn wir nicht von unguten Eigenschaften befreit und nicht nüchtern vom Rausch vieler Leidenschaften sind, so wird dies alles unser Herz auf gefährliche und schädliche Weise beschweren. Dass auch diejenigen, die bereits diesen geistigen Schulungsweg gehen, aufgrund von Macht- und Besitzstreben in weltverstrickende Sorgen geraten können, zeigt die Überlieferung der Altväter. Sie erklären, dass alles, was über den unvermeidlichen täglichen Lebensunterhalt hinausgeht, nur Unruhe schaffe und von Neuem in die Sorgen dieser Welt verstricke. Wenn wir uns beispielsweise aus Profilsucht und reinem Geltungsdrang übermäßig für einen aufwändigen Lebensstil abrackern, leisten wir der Kraft Vorschub, die die echten Werte zerstört und somit die geistige Entwicklung blockiert: Wir sind darauf versessen, mehr Kleidungsstücke zu besitzen als unbedingt notwendig. Oder wir meinen, zu unserer Bequemlichkeit oder gar aus weltlicher Eitelkeit unbedingt eine größere Wohnung mit aufwändigerer Ausstattung haben zu müssen.

Es gibt Verhaltensweisen, die einen Menschen für kurze Zeit irreleiten. Wenn er jedoch erkannt hat, dass sein Handeln und Denken ihn in eine Sackgasse führen und dazu sein Gewissen ihn mahnt, wird er all seine Kräfte mobilisieren, um umzukehren. Die beschwerte Seele kann sich wieder aufrichten und durch Umkehr und Unterstützung durch das Ruhegebet frei von all dem werden, was sie am Boden festgehalten hat.

Wesentlich schlimmer ist es, wenn Menschen in eine Abhängigkeit geraten, die sie, da dieser Prozess oftmals schleichend vor sich geht, nicht einmal bemerken. Werden sie daraufhin angesprochen, reagieren sie so, als ob alles bei ihnen in Ordnung sei und verweisen auf andere. Dieses Gefesseltsein an etwas oder jemanden hat oft verheerende Folgen, die auch andere Menschen mit in den Abgrund reißen können. Jede durch eigene Schuld verursachte Abhängigkeit belastet die Seele, nimmt ihr die Kraft zum Aufschwung, drückt sie zu Boden und trennt sie von Gott.

Vielleicht kann die folgende Erzählung nach Johannes Kolobos[27] dazu beitragen, Türen zu öffnen, die aus der Dunkelheit führen.

In einer Stadt lebte eine hübsche und begehrte Frau, die viele Liebhaber gleichzeitig hatte. Eines Tages begegnete ihr ein Beamter, der ihr wahres Ich erkannte, und sagte: »Versprich mir, dein Leben zu ändern, und ich nehme dich zur Frau.« Sie versprach es und er führte sie heim in sein Haus.

Ihre Liebhaber jedoch suchten sie so lange, bis sie sie gefunden hatten. Einerseits hatten sie starkes Verlangen nach ihr – andererseits fürchteten sie sich vor dem Beamten. Daher überlegten sie sich eine List. »Wenn wir zu ihr gehen, wird uns der Beamte bemerken, zur Rede stellen und strafen. Doch wenn wir nach ihr pfeifen, wird sie bestimmt wie gewohnt zu uns kommen.« Als die Frau den bekannten Pfiff hörte, verstopfte sie ihre Ohren mit Wachs, verschloss die Türen und eilte in das Innere des Hauses.

Die Frau ist die Seele. Die Liebhaber sind die unguten Versuchungen. Die ihr pfeifen, sind die widergöttlichen und zerstörerischen Kräfte. Der Beamte ist Christus. Das Ruhegebet führt in das Innere des Hauses.

Zu den Gefahren, die der Alltag mit sich bringt, gehören auch die übertriebenen Sorgen um den täglichen Lebensunterhalt. Je stärker sich die Probleme der Welt in den Vordergrund schieben, umso mehr sollte sich der Betende daran erinnern, dass er alle Zeit von der Gnade Gottes umfangen ist. Es ist daher nötig, sich in Acht zu nehmen, um durch das Gebet wach zu bleiben. Wen nur das irdische Leben und der Genuss interessiert, gibt dem Göttlichen in sich keinen Raum.

> Ein Bruder fragte den Altvater Tithoe: »Wie kann ich mein Herz bewahren?« Der Greis antwortete ihm: »Wie können wir unser Herz bewahren, wenn Mund und Bauch offenstehen?«[28]

Weltverstrickende Sorgen können sich dahingehend äußern, dass jemand sich so eng und krankhaft an einen anderen Menschen bindet und ihn einfach nicht loslassen kann. Andererseits kann auch von einer Gruppe ein derartiger Zwang ausgehen, dass die einzelnen Mitglieder ihre Individualität einbüßen und oft gar nicht mehr wissen, wer sie eigentlich sind. Das Tragische dabei ist, dass sie den Boden unter den Füßen verlieren und selbst nicht bemerken, wie sie langsam von einer fremden, unguten Kraft absorbiert werden.

Der Altvater Johannes Kolobos, der in jungen Jahren selbst einmal einem religiösen Fanatismus zum Opfer fiel, erzählt von einer anrührenden Begebenheit, die ihn zur Einsicht brachte.

> Man erzählte vom Altvater Johannes Kolobos, dass er einmal zu einem älteren Bruder sagte: »Ich will ohne

II. Hinführung zum Ruhegebet

Sorgen sein, so wie die Engel sorglos sind, und nicht arbeiten, sondern unaufhörlich Gott dienen.« Er legte sein Kleid ab und ging in die Wüste. Nachdem er eine Woche dort verbracht hatte, kehrte er zu seinem Bruder zurück. Als er an die Tür klopfte, erkannte ihn sein Bruder, bevor er öffnete, und sprach: »Wer bist du?« Er antwortete: »Ich bin Johannes, dein Bruder!« Der Bruder antwortete: »Johannes ist ein Engel geworden und gehört nicht mehr zu den Menschen.« Da flehte er ihn an und sagte: »Ich bin es doch!« Der andere aber öffnete ihm nicht, sondern ließ ihn bis zum Morgen in dieser unbequemen Lage. Erst später öffnete er und sagte: »Wenn du ein Mensch bist, dann musst du arbeiten, damit du deine Nahrung findest.« Da bereute Johannes und sagte: »Verzeih mir!«[29]

Viele Menschen fallen sowohl auf der religiösen als auch auf der politischen und wirtschaftlichen Ebene einem Fanatismus zum Opfer, der sie ganz und gar manipuliert. Gerade das Ruhegebet, bei dem zuerst das Loslassen und die Hingabe geübt werden, vermittelt eine größere innere und äußere Freiheit, lässt ungute Verbindungen und Abhängigkeiten erkennen und hilft sie zu lösen, ohne dass ein anderer darunter leiden muss.

Fragen und Antworten zu diesem Kapitel:

1. Bei Einsicht in eigenes Fehlverhalten sind Umkehr und Korrektur verstehbar. Ist jedoch ein Mensch abhängig von Alkohol, Drogen, Sexualität, Spielen usw., ohne es

wahrhaben zu wollen: Wie kann er da Einsicht in sein
Tun bekommen oder gar Besserung erfahren?
Aus sich selbst heraus dürfte es sehr schwer sein, eine solche
Abhängigkeit zu erkennen und darüber hinaus willentlich
zu versuchen, sie abzustellen. Erfahrungsgemäß führen auch
Überzeugungsversuche anderer zu keinem Ergebnis. Indem
Cassian aufzählt, was die Seele beschweren kann, möchte
er, dass ein jeder sich fragt, wo und auf welcher Ebene bei
ihm vielleicht eine Abhängigkeit besteht. Er ist sich dessen
gewiss, dass durch die Einübung in das Ruhegebet nicht nur
eigene Fehler eingesehen, sondern auch die Voraussetzungen
geschaffen werden, sie zu meiden. Die Fesseln der Abhängigkeit lösen sich und die Versuchung, in neue Verstrickungen
zu geraten, nimmt ab.

Ein derartiges Versprechen Cassians mag sich an dieser
Stelle unwirklich anhören; die Wirkungsgeschichte des Ruhegebetes jedoch beweist, dass eine Persönlichkeitsentwicklung
stattfindet und die frei werdenden Lebenskräfte wie auch die
damit verbundene Gnade dahin fließen können, wo sie am
nötigsten gebraucht werden. Voraussetzung hierfür ist allerdings die Praxis des Ruhegebetes über einen längeren Zeitraum.

2. Wie soll jemand erkennen, der von anderen Menschen
   abhängig ist, dass die Welt des Glaubens eine andere
   und vernünftigere ist als die Welt der Menschen?
Auf der philosophischen wie auch auf der theologischen
Ebene wird dieses Erkennen nur schwer möglich sein. An
erster Stelle steht, dass der Betreffende Glaubenserfahrungen macht, die unabhängig sind von dem oder den Menschen,
zu denen er in Abhängigkeit steht. Gemeint sind hier natürlich nicht Kinder, Kranke und ältere Menschen, die der

Eltern oder der Mitmenschen in besonderer Weise bedürfen. Wenn Christus uns zur Freiheit befreit hat (vgl. Galater 5,1), muss sich diese Zusage auch auf dem Weg zu ihm erfüllen. Ihn im Gebet und bei all unserem Tun in den Blick und ins Herz zu nehmen, ist jedem möglich – was immer er auch für eine Vorgeschichte hat. Auf dem Weg zunehmender Glaubenserfahrung wird der Wunsch größer, Gott zu finden. Um fortzuschreiten, sicher zu gehen und um Korrektur und Bestätigung zu erhalten, ist theologisches Wissen unabdingbar. Der Gott Suchende verlangt förmlich danach, denn er spürt und weiß, dass nur Erfahrung und Wissen und Wissen und Erfahrung ihn auf seinem Weg zu Gott weiter führen.

6. Kapitel

Von der Gefahr ruheloser Arbeit

Es sind die unheilvollen Gegenkräfte, die uns immer wieder zu Übertreibungen anstacheln und den Grundstein für mancherlei Störungen legen.

Ein erfahrener und weitblickender Altvater kam einmal am Kellion eines Bruders vorbei, der an einer Seelenkrankheit litt, die aus Ruhelosigkeit, Gier und innerer Zerrissenheit bestand. Der Bruder arbeitete Tag für Tag rastlos und angespannt, um überflüssige Dinge herzustellen, sich mehr leisten zu können und seinen Besitz zu vergrößern. Schon von fern beobachtete der Abbas, wie sehr der Bruder sich abmühte, mit einem schweren Hammer einen Felsbrocken zu zertrümmern. Eine schwarze Gestalt stand hinter ihm, die ihre Hände mit denen des Mönches verflochten hatte. Mit brennenden Fackeln trieb diese Fremdmacht den Bruder immer wieder erneut zur Arbeit an und reizte ihn zu noch größerer Anstrengung.

Da blieb der Altvater lange stehen und staunte, mit welcher Reizkraft diese dunkle und trügerische Macht am Werk war. Selbst in Phasen großer Erschöpfung ließ sie den von blinder Arbeitswut Getriebenen nicht zur Ruhe kommen, sodass er nicht einmal die Gelegenheit hatte, das Schmachvolle und Beschämende seines so mühevollen Verhaltens zu erkennen.

Schließlich wurde der Altvater durch das so grausame Spiel des Dämons bewogen, zum Kellion des Bruders zu gehen. Er grüßte ihn und fragte: »Was treibst du da?« Jener antwortete: »Wir mühen uns ab und bearbeiten diesen überaus harten Stein, doch konnten wir ihn bisher nicht zertrümmern.« Darauf der Altvater: »Du sagst mit Recht ›wir konnten‹, denn du warst bei deiner Arbeit nicht allein. Ein anderer war bei dir, den du nicht sahst. Er wollte dir aber nicht helfen, sondern dich in eine noch größere Arbeitswut hinein hetzen und dich zerstören.«[30]

Das eine Extrem

Cassian spannt einen großen Bogen vom Vergleich der Seele mit einer Flaumfeder bis zu dem Mönch, dessen Seele vor krankhafter Arbeitswut auseinanderzubrechen droht. Damit möchte er alle möglichen Verschattungen, Beschwernisse und die zu einer Krankheit führenden Belastungen der Seele aufzeigen und die Notwendigkeit eines gesunden Ausgleichs durch das Gebet vor Augen führen. Der von blinder Arbeitswut getriebene Mönch spricht in der Mehrzahl von sich, sodass der Beobachter sofort spürt: Er ist nicht »allein«.

Wenn einer der beiden Pole, zwischen denen der Mensch steht und sich zu bewähren hat, die Überhand gewinnt und das Ruhen in der eigenen Mitte und damit in Gott erschüttert wird, gewährt der Mensch einer Fremdmacht Einlass, die sein Inneres zerstören möchte. Unheilvolle Gegenkräfte sind immer wieder am Werk, die zu Übertreibungen anstacheln und bestrebt sind, den Menschen aus seiner Mitte herauszudrängen und zu Fall zu bringen.

> Was erhält der Mensch dann durch seinen ganzen Besitz und durch das Gespinst seines Geistes, für die er sich unter der Sonne anstrengt? Alle Tage besteht sein Geschäft nur aus Sorge und Ärger, und selbst in der Nacht kommt sein Geist nicht zur Ruhe. *Kohelet 2,22–23*

Die Gefährdung der Ausgeglichenheit und der Ruhe für Geist und Seele kommt wunderbar durch diesen weiten Bogen zum Ausdruck, der sich von der Flaumfeder, die durch Nässe beschwert ist, bis zur blinden Arbeitswut des von einer Fremdmacht beherrschten Mönches spannt. Im Grunde sind damit alle Menschen angesprochen, ganz gleich, was sie getan oder unterlassen haben, und gleichzeitig die Gegenkräfte, die einem reinen und aufrichtigen Gebet im Wege stehen.

Der Mensch und sein Schatten

Cassians Wunsch ist es, dass derjenige, der in die Praxis des Ruhegebetes einsteigen möchte, sich selbst vorher besser kennenlernt. Daher die Frage: »Wer bin ich denn eigentlich hinter allen Entfremdungen und Verfremdungen, die das Leben und ich selbst mir angetan haben?«

Vor dem zu fliehen, was ich bin, wird niemals eine Lösung für mich selbst und andere bringen. Die Flucht kann nur gestoppt, die Angst überwunden und das ins Unbewusste verdrängte Leben offenbar werden, wenn wir uns mit dem eigenen Schatten konfrontieren lassen und ihn zunächst einmal annehmen. Das vom »Ich« abgelehnte Leben möchte zu mir gehören, die verdrängte, abgespaltene Lebensseite. Wenn sie nicht angenommen wird, entstehen aus dem Unbewussten Störsignale, die das Leben entfremden: blinde Arbeitswut, Flucht, Verbitterung, Reizbarkeit, Depressionen, Gefühlskälte …

Viele Menschen haben Angst vor dem dunklen Bruder ihres Lebens und verschließen sich. Sie legen sich selbst Verhaltensregeln auf und kontrollieren sich ständig, um nicht durch diese ihnen ungeheuer erscheinende dunkle Kraft aus der Bahn geworfen zu werden. Doch das ist genauso wenig erfülltes Leben wie die Flucht vor der Wirklichkeit.

> Ein Mann entdeckte eines Tages, dass er einen Schatten hatte. Eine derartige Angst überfiel ihn, dass er davonrannte, um seinen eigenen Schatten loszuwerden. Als er nach einigen Tagen immer noch auf der Flucht war, versagten seine Kräfte und er brach tot zusammen. Was hätte er tun können, um die Angst vor seinem eigenen Schatten zu verlieren? Wenn er in den Schatten eines großen Baumes getreten wäre, hätte er ein wenig Ruhe gefunden und festgestellt, dass der Baum seinen Schatten aufgenommen hat. Wie viel mehr wird Christus, wenn wir innehalten und zu ihm rufen, unseren Schatten liebend annehmen und verwandeln?

Das Ruhegebet ist ein Innehalten, bei dem nicht mehr das eigene Ich sowohl mit seinen Fehlern und Verschattungen als auch mit seinen Qualitäten im Mittelpunkt steht, sondern in

Jesus Christus die Ausrichtung auf Gott. Und hier geschieht schweigend das Wesentliche: Der Weg zu Gott wird von allen Hindernissen befreit, indem langsam, unserer Gangart entsprechend und ohne Angst hervorzurufen, die dunklen Schatten ans Licht kommen. So werden wir uns auch dieser Seiten unseres Lebens bewusst, können sie annehmen und verwandeln. Ein Wort von Carl Gustav Jung lautet: »Man wandelt nur das, was man annimmt.«

Das andere Extrem

Es gibt viele Menschen, die gute und sehr gute Erfahrungen auf ihrem inneren geistlichen Weg gemacht haben, doch bestrebt sind, diese noch zu steigern. Sie ziehen sich aus der Welt zurück und widmen sich ganz extrem dem Geistlichen, um »alles« zu erreichen.

> Abbas Antonios sagte: »Eines Tages saß ich bei Abbas Arphat, da kam eine Jungfrau und sagte: Vater, ich habe zweihundert Wochen gefastet, indem ich nur alle sechs Tage aß, ich habe das Alte und Neue Testament gelernt, was bleibt mir noch zu tun? Der Alte sagte ihr: Ist für dich der Tadel wie die Ehre? Sie sagte: Nein. Die Niederlage wie der Sieg, die Fremden wie die Eltern, der Mangel wie der Überfluss? Sie sagte: Nein. Der Alte schloss: Also hast du dich selbst getäuscht. Geh arbeiten, denn du hast gar nichts.«[31]

Die Mitte: Bete und arbeite

Jedes Leben ist eingebettet zwischen Pole, die sich gegenseitig anziehen oder abstoßen, die sich mit der Zeit und während der Lebenszeit verändern, sich aber erst mit dem Tod mehr oder weniger auflösen. Zu ihnen gehören: Mann und Frau, Geborenwerden und Sterben, Sommer und Winter, Freude und Trauer, Spannung und Entspannung, Gebundensein und Freiheit, Kontemplation und Aktion, Jugend und Alter, Tradition und Fortschritt, Gebet und Arbeit, Himmel und Erde, Ruhe und Aktivität und vieles mehr.

Die Kunst des Lebens besteht darin, die Spannung zwischen zwei Polen auszuhalten, sich von keinem der beiden gänzlich absorbieren zu lassen, sondern eine ausgewogene Mitte zu finden, um gesund zu bleiben und um den Mitmenschen, dem Wandel in der Schöpfung wie auch dem Schöpfer gerecht zu werden.

Das Ruhegebet trägt wesentlich dazu bei, ein gestörtes Gleichgewicht wieder herzustellen, extreme Verhaltensweisen abzubauen, sodass die Seele sich in die ihr eigene Ruhe versenken kann, um dort dem Schöpfer zu begegnen. Das Ruhegebet befähigt, sowohl eine ungestörte tiefe Ruhe wahrzunehmen und zu genießen als auch sich an einer erhöhten kreativen Aktivität zu erfreuen. Das Wunderbare dieser so einfachen Gebetsweise, die mit dem aktiven Leben im Wechsel steht, besteht darin, dass Extreme erfahren werden – wie Ruhe und Aktivität –, diese jedoch in kürzester Zeit einander abwechseln und jeweils ihre positiven Spuren spontan hinterlassen. Der Benediktiner Bede Griffiths beendet seine Schrift über Johannes Cassian mit folgenden Worten:

> ›Askese‹ und ›Kontemplation‹ müssen uns nicht unbedingt aus der Welt wegziehen. Zwar brauchen wir alle das Leben ›in der Einsamkeit‹, die Einsamkeit des Herzens, die jeder, der Gott sucht, finden muss. Das ist der

Platz der Begegnung mit Gott ›von Angesicht zu Angesicht‹. Aber diese Einsamkeit muss nicht unbedingt in der Wüste gesucht werden; sie kann auch in der von Menschen wimmelnden Großstadt gefunden werden, zu jeder Zeit und an jedem Platz.[32]

Fragen und Antworten zu diesem Kapitel:

1. *Es klingt sehr einfach, die Unruhe mit der Ruhe zu konfrontieren, damit alles gut wird! Woher nimmt denn jemand die Ruhe, wenn er ganz und gar von der Unruhe durchdrungen und noch dazu kein religiöser Mensch ist?* Nur wer in der Lage ist, Pausen in seinem vielleicht durch große Unruhe geprägten Alltag einzulegen und für kurze Zeit Körper, Geist und Seele zu entspannen, findet seine Mitte und bleibt in ihr. Aus dieser Mitte ist es möglich, erfolgreich zu handeln und kreativ zu sein. Wie der Mann zu Tode rennt, weil er voll Unruhe und Angst vor seinem Schatten flieht, so geht es vielen Menschen nicht nur in ihrem Berufs-, sondern auch in ihrem Privatleben. Die Unruhe greift mehr und mehr um sich und der Betroffene findet sogar eines Tages nicht einmal mehr seinen Schlaf. Schon sehr schnell machen sich krankhafte Symptome bemerkbar, die den Menschen oftmals entsetzlich leiden lassen.

Es gibt hingegen eine innere Stimme, die frühzeitig davor warnt, nicht in eine Sackgasse zu geraten. Wenn diese wie auch ein wohlgemeinter Rat der Mitmenschen oder gar des Arztes überhört werden, ist es äußerst schwer, mit ansehen zu müssen, wie jemand geradewegs in sein dunkles Schicksal rennt.

Bei auch nur der leisesten Einsicht muss jemand, der ganz von Unruhe durchdrungen ist, erkennen, dass ihm das Gegenteil, die Ruhe, fehlt. Leider nehmen viel zu viel Menschen Beruhigungsmittel und Psychopharmaka, auf die sie – folgten sie ihrer Natur – verzichten könnten. Selbstverständlich darf jemand, der fast krankhaft unter Druck steht, nicht gleich mit dem Ruhegebet beginnen. Das wäre eine Überforderung, die nicht zu verantworten ist. In diesem Fall – und wenn jemand keinen Zugang zur Religion hat – sollte er mit leichten bewusst gesteuerten Atemübungen beginnen, die das Loslassen und Freiwerden zum Ziel haben. Notwendig ist es allerdings, täglich zehn bis fünfzehn Minuten zu üben. Langsam tun sich Tore auf und man erkennt, wie lebensnotwendig die Pflege der Ruhe und Ausgeglichenheit für jeden Menschen ist.

Von hier aus ist der Schritt zu weiteren körperlichen Entspannungs- und Ruheübungen nicht mehr weit. Da zwischen Körper, Geist und Seele ein untrennbarer Zusammenhang besteht, wird bereits nach kurzer Zeit das Verlangen wach, auch etwas Entsprechendes auf der geistigen und spirituellen Ebene zu tun. Auf diesem Weg werden viele zu religiösen Menschen oder sie finden zum Wesen ihrer eigenen Religion zurück.

2. *Ist es eine Bedingung, um in das Ruhegebet eingewiesen zu werden, dass man die dunkle Seite seines Lebens, seinen Schatten, zuerst kennenlernen und analysieren muss?*

Nein, durchaus nicht. Das Ruhegebet hat nichts mit psychologischer oder tiefenpsychologischer Analyse zu tun. Seine Wirkung jedoch ist ganzheitlich, sodass sowohl die physische als auch die psychische Seite des Menschen angesprochen wird. Hält der Übende die empfohlenen Zeiten ein und erfüllt die Bedingungen, die zu Beginn des Kursus angegeben sind, sollte er sich um rein gar nichts kümmern als einzig und allein darum, dem Schöpfer einen kleinen Teil seiner Lebenszeit im Ruhegebet zurückzuschenken. Alles andere wie Selbstbeobachtung, Analysen, Erwartungen, willentliche Steuerungen sind Eingriffe in einen Vorgang, der sich ganz von selbst auf natürliche Weise entwickeln und ablaufen möchte.

Die Beispiele möchten lediglich den mehr oder weniger verborgenen inneren Weg des Ruhegebetes anschaulich machen, auf die Gefahren hinweisen, die der Lebensalltag mit sich bringt und vor allem die Notwendigkeit eines entlastenden, befreienden und heilenden Betens bewusst machen.

7. Kapitel
Eindrücke ausdrücken

Wir sollten Acht geben und uns nicht übermäßig vielen Reizen und Eindrücken aussetzen, besonders dann, wenn unser Nervensystem erste Störungen signalisiert. Die Eindrücke, die wir empfangen, müssen verarbeitet und somit gelöst werden. Ein Mensch wird krank, wenn er keine Möglichkeit hat, sich auszudrücken, Empfangenes – ganz gleich in welcher Form – entweder weiterzuschenken oder einfach loszuwerden. Vieles wird zwar in Träumen ausgedrückt und verarbeitet, doch reicht dieser Vorgang keineswegs aus, das Nervensystem und das Bewusstsein von allen besetzenden Eindrücken zu befreien.

Der erste Schritt auf jedem mystischen Weg ist der der Reinigung. Das, was das Ruhegebet als Erstes leistet, besteht darin, den Betenden von allen Hindernissen und Blockaden zu befreien und den Weg in eine größere und tiefere Innerlichkeit zu bereiten. Alles im Wege Stehende muss ausgeräumt werden, damit der Ort der Gottesbegegnung zugänglich wird.

> Ein Bruder fragte einst den Altvater Poimen: »Warum kann ich nicht offen mit den Altvätern über meine Gedanken reden?« Der Alte antwortete: »Johannes Kolobos hat den Ausspruch getan: Über keinen freut sich der Teufel so sehr wie über jene, die ihre Gedanken nicht offenbaren.«[33]

Das Ruhegebet hilft auf sanfte und wunderbare Weise, Verkrampfungen zu lösen, Eindrücke auszudrücken und ungelebtes Leben ins Leben zu bringen. Viele Menschen, und dazu gehören in besonderer Weise Jugendliche und Ältere, sind einfach nicht in der Lage, das, was sie letztlich bewegt und bedrückt, auszusprechen oder in anderer ihnen gemäßen Form kreativ auszudrücken. Gut geführte Gesprächstherapien, die Psychotherapie und andere Formen zum Heilwerden der Seele, sind ein großer Segen. Aus langjähriger Erfahrung jedoch darf gesagt werden, dass sehr viel seelisches – und damit verbunden auch körperliches – Leid, verringert oder gar erspart werden kann, wenn Menschen rechtzeitig ihr Gebetsleben kultivieren und damit Zugang zur Quelle ihrer eigenen Existenz und der des Schöpfers finden.

> Wenn du von unreinen Gedanken bedrängt wirst, verbirg sie nicht, sondern offenbare sie sofort deinem

geistlichen Vater und vernichte sie. Denn in dem Maß, in dem man seine Gedanken verbirgt, vermehren sie sich und werden stärker. Ähnlich wie eine Schlange, die aus ihrem Versteck entweicht und sogleich davonläuft, so schwindet der Gedanke sofort, wenn er offenbart ist. Und wie ein Wurm das Holz, so zerstört der schlechte Gedanke das Herz. Wer seine Gedanken offenbart, wird sogleich geheilt, aber wer sie verbirgt, wird krank vor Stolz.[34]

Fragen und Antworten zu diesem Kapitel:

1. Muss man einen so langen Atem haben und so viel Zeit investieren, um das Ruhegebet zu erlernen?
Es muss gewährleistet sein, wenn jemand diesen Weg gehen möchte, dass er die notwendigen Voraussetzungen erfüllt. Sicherlich gibt es kurzgefasste Gebetsschulen, die sich nur mit knappen Worten auf das Wesentliche beschränken. Cassian möchte jedoch den Anfänger nur sehr langsam in das Geheimnis des Ruhegebetes einführen. Er ist mit konkreten Anweisungen noch äußerst zurückhaltend und möchte zunächst prüfen,

- wie ernst es dem Fragenden mit seinem Wunsch ist, tiefer in die Welt des Gebetes einzudringen,
- über welches Durchhaltevermögen er verfügt,
- inwieweit er bereit ist, den eigenen Willen zurückzunehmen und vertrauend und bedenkenlos den jeweils nächsten Schritt zu tun,
- ob er seine Ungeduld überwindet, nicht vorgreift und den rechten Zeitpunkt abwarten kann.

2. *Wie jemand den Wind nicht aufhalten kann, so ist es ebenso nicht möglich, das Kommen und Gehen der Gedanken aufzuhalten. Doch was geschieht, wenn der größte Teil der Gedanken nicht ausgesprochen oder ausgedrückt werden kann?*

Physiologische Untersuchungen haben gezeigt, dass Träumen lebensnotwendig ist – ganz gleich, ob der Trauminhalt jemandem bewusst wird oder nicht. Im Schlaflabor wurden während der Nacht Gehirnströme der Versuchspersonen gemessen. Jedes Mal, wenn das Elektro-Enzephalogramm Hirnwellen zeigte, die spezifisch der Traumphase zugeordnet werden, weckte man die betreffende Person. Auf diese Weise konnte das Träumen eines Menschen über Tage ausgeschaltet werden. Das Ergebnis: Menschen, die am Träumen gehindert werden, verlieren die Orientierung und werden körperlich und seelisch krank.

Genauso ist es mit der Hirnaktivität im Wachzustand. Gedanken müssen zugelassen und – wenn möglich – ausgesprochen oder auf individuelle Weise ausgedrückt werden. Wird jemand daran gehindert, sich zu verwirklichen, wird er krank und zu einer Belastung für sich selbst und andere. Erschreckend viele Menschen leiden gerade darunter, dass ihre Begabungen nicht gefördert wurden und sie sich ihrer nicht einmal bewusst sind. Hinzu kommt, dass vielen keine Chance gegeben wird, ihr Können und die damit verbundene Freude adäquat und zum Wohl anderer einzusetzen. Nicht selten führt die Arbeitslosigkeit und das damit verbundene Gefühl des Nicht-Gebrauchtwerdens zu erheblichen Störungen in der Persönlichkeit eines Menschen.

Wie die Beispiele zeigen, ist es lebensnotwendig, sich immer wieder auszusprechen und auf diese oder andere Weise aus sich herauszugehen. Nicht wenige jedoch resignieren dem Leben gegenüber, äußern sich nicht, verkrampfen und werden seelisch krank. Hier wird die Aufgabe für die Kirche immer größer, gerade den am Rande Stehenden, den Sprachlos-Gewordenen sowohl im Wort als auch in der Tat Erlösung zu vermitteln. Es ist wichtig, Menschen auf taktvolle Weise auf der Ebene ihrer Sehnsucht anzusprechen und ihnen Wege aufzuzeigen, die mühelos zu gehen sind.

8. Kapitel
Voraussetzungen zum wesentlichen Gebet

Origenes (185–254/55), dessen Gebetsschule über Evagrius Pontikus (345–399) auch Cassian bekannt und vertraut war, spricht von konkreten Bedingungen, die das wesentliche Gebet einleiten und begleiten sollten. Diese Voraussetzungen waren seinerzeit allgemein bekannt und wurden nicht immer eigens erwähnt. Da dieses so kostbare Wissen teilweise verloren gegangen ist, soll an dieser Stelle Einleitendes gesagt werden – wie Origenes[35] es lehrte.

1. Die innere Einstellung des Betenden

Das Gebet bedarf einer guten Bereitung. Es ist daher ratsam, schon vor der Gebetszeit anzuhalten, um sich innerlich vorzubereiten. Soweit es möglich ist, soll alles, was die Gedanken verwirren und vom Gebet ablenken kann, zurückgelassen werden. Die Vorstellung dessen, was wirklich im Gebet geschieht – dem überaus Großen, dem wir begegnen dürfen – möge helfen, alle Enge, Trägheit und Gleichgültigkeit abzubauen. In dieser Sammlung breiten wir gleichsam durch die geöffneten Hände unsere Seele vor Gott aus; durch das Schließen der Augen wird unser denkender Geist ganz Gott hingegeben, und indem wir uns aufrichten, um auch innerlich aufrichtig zu sein, lenken wir unsere Vernunft von der Erde empor, aufsteigend zum Herrn, der den allumfassenden Kosmos geschaffen hat. Diese vom innersten Wesen her nach oben ausgerichtete Bewegung schließt sowohl die Verzeihung für alles erlittene Unrecht und die Versöhnung mit ein als auch den Wunsch um Vergebung unseres Fehlverhaltens gegen Gott, gegen viele Mitmenschen und die gesunde Vernunft.

2. Die Haltung

Wenn Paulus über das Gebet sagt, dass die Hände in Reinheit erhoben werden sollen und man frei von Zorn und Bedenklichkeit beten müsse (vgl. 1 Timotheus 2,8), sind damit nicht nur dunkle Gefühle und Gedanken gemeint, sondern letztlich alles, was das Offensein für Gott hindert – auch die gesamte eigene Gedankenaktivität. Das Erheben der Hände in Reinheit ist daher nicht nur äußerlich zu verstehen, sondern weist gleichzeitig auf den erforderlichen inneren Zustand des Betenden hin.

Die Haltung des Körpers mit ausgestreckten offenen Händen ist die eines Empfangenden. So spiegelt auch der Körper die besondere Beschaffenheit der Seele während des Betens wider. Man betet im Sitzen oder – bei Krankheit – im Liegen. Können wir uns im Berufsleben oder auf Reisen nicht zurückziehen, ist es auch möglich, nur innerlich zu beten, ohne aufzufallen. Alle äußeren Voraussetzungen für das Gebet haben nur dann eine wirkliche Bedeutung und einen Wert, wenn sie auch den inneren Zustand des Betenden ausdrücken. Die Verneigung oder die Kniebeuge bedeutet, dass wir Gott, der uns Vergebung und Heilung schenken möge, als den Höchsten anerkennen. So ist sie Symbol dafür, dass wir uns Gott gegenüber verdanken.

> ♦ Daher beuge ich meine Knie vor dem Vater, von dem alle im Himmel und auf der Erde ihren Namen haben. *Epheser 3,14–15*
> ♦ Damit alle im Himmel, auf der Erde und unter der Erde ihre Knie beugen vor dem Namen Jesu ... *Philipper 2,10*

Wo auch immer man betet – jeder Ort ist zum Beten geeignet.

3. Der Ort des Betens

Um allerdings die für das Gebet notwendige Ruhe und Innerlichkeit zu unterstützen und um jede Ablenkung weitestgehend auszuschalten, sollte in der Wohnung oder im Haus der ruhigste, »heiligste« Platz zum Beten ausgewählt werden. Unbedingt ist darauf zu achten, welche Geschichte dieser Ort hat, ob

♦ an dieser Stelle Ungutes geschah,
♦ anderen Schlechtes zugefügt wurde,
♦ Vorteile gesucht wurden auf Kosten anderer,
♦ gegen die Naturgesetze verstoßen wurde,
♦ etwas geschah, was diesem Ort anhaftet und ihn negativ belastet.

Eine derartige Belastung wirkt sich nicht nur auf den Betenden aus, der sich Gott ganz öffnen möchte, oftmals aber, ohne es zu wissen, negativen Kräften ausgesetzt ist, sondern auch auf das Gebet selbst, seine Ruhe, Tiefe und Innerlichkeit.

Noch etwas sehr Subtiles: Ob man das gemeinsame Schlafzimmer als angemessenen Gebetsort wählt, ist zu überlegen. In diesem Fall sollte vor dem Beten offen mit dem Partner gesprochen werden, um im gegenseitigen Einvernehmen eine Zeitlang für das Gebet frei zu sein (vgl. 1 Korinther 7,5).

4. Gemeinsames Beten

Finden sich mehrere Menschen zum Gebet zusammen, entsteht eine besonders gute und bleibende Atmosphäre. Die »Kraft unseres Herrn« (1 Korinther 5,4) und Heilandes wird auf besondere Weise spürbar unterstützt von guten Mächten – auch Engel genannt. Hinzu kommen, wie viele Erfahrungen gezeigt haben, helfende Schwingungen, die sowohl von Lebenden als auch von Verstorbenen ausgehen. Und so entsteht eine »doppelte Gemeinde«: die der Menschen und die der Engel – eine wunderbare Gemeinschaft, die »in demselben Sinn und in derselben Überzeugung« (1 Korinther 1,10) zusammengekommen ist und »einen Leib in Christus« (Römer 12,5) bildet. Es ist darauf zu achten, dass man sich nicht durch eine falsche Wahl dunklen Mächten aussetzt, denn den hiervon beherrschten Menschen wird die Leben unterstützende und aufbauende Dimension nicht zuteil. Treffen aber doch mehrere Menschen zusammen mit unguten Absichten und negativen Kräften, die sie umgeben, Menschen mit rein kommerziell ausgerichteten Zielen, entsteht eine durch und durch schlechte Atmosphäre. Es vervielfachen sich sogar noch die widergöttlichen Kräfte.

Wenn erst einmal dem Ungeist Raum gegeben wird, beherrscht er alles und lässt nicht mehr los. Außenstehende

– mögen sie es noch so gut meinen – haben keinen Einfluss mehr gegen diese geballte Negativität. Die von dieser Fremdmacht bestimmten Menschen sind »von allen guten Geistern verlassen« und verlieren unweigerlich ihre übernatürliche Lebenskraft. Es gibt Beispiele von Gruppen, ja sogar von ganzen Völkern, die durch falsche Ziele, Fanatismus oder Diktatur in die Irre geführt wurden und werden. Denn das, was sie zu haben glauben, wird ihnen letztlich auf sehr schmerzliche und tragische Weise genommen.

5. Die Himmelsrichtung

Die geografische Ausrichtung beim Beten ist nicht unbedeutend. Von den vier Himmelsrichtungen haben wegen des Sonnenuntergangs und des Sonnenaufgangs der Osten und der Westen eine besondere Bedeutung. Wer sollte da nicht ganz von selbst darauf kommen, dass man beim Beten sich symbolisch dahin neigt und die Seele hinschauen lässt, wo der »Aufgang des wahren Lichtes« (vgl. Johannes 1,9; Lukas 1,78) ist? Das wahre Licht und die wahre Sonne ist Christus, der die Seele erleuchtet. Als beim gemeinsamen Mahl Judas den Bissen Brot genommen hatte, ging er sofort hinaus, und es war Nacht für ihn, denn es war nun nicht mehr der bei ihm, dessen Name »Sonnenaufgang« ist. Beim Hinausgehen hatte Judas die Sonne der Gerechtigkeit verlassen (vgl. Johannes 13,30).

> Für euch aber, die ihr meinen Namen fürchtet, wird die Sonne der Gerechtigkeit aufgehen, und ihre Flügel bringen Heilung. *Maleachi 3,20*

Es ist zwar verständlich, dass jemand – sollte nach Osten kein Fenster sein – lieber in Richtung eines Fensters und mit dem

Blick zum Himmel betet als vor einer Wand. Häuser mit ihren Türen und Fenstern sind nach menschlichem funktionalen Ermessen geplant, die Richtung des Sonnenaufgangs ist naturgemäß. Der Blickkontakt zum Himmel ist also vordergründig; wesentlich ist die Hinwendung zum Osten – seien noch so dicke Wände zwischen dem Betenden und der Gegend des Sonnenaufgangs.

> So sollte man erkennen, dass man, um dir zu danken, der Sonne zuvorkommen und sich noch vor dem Aufgang des Lichtes an dich wenden muss. *Weisheit 16,28*

6. Die Zeit

Dreimal am Tag sollte man sich für das persönliche Gebet zurückziehen: jeweils möglichst zur Zeit des Sonnenaufgangs und des Sonnenuntergangs, sowie mittags, immer vor den Mahlzeiten. Trotz der ihm drohenden Lebensgefahr verrichtete Daniel dreimal am Tag sein Gebet (vgl. Daniel 6,14).

> ♦ Herr, am Morgen hörst du mein Rufen, am Morgen werde ich zu dir treten und Ausschau halten nach dir. *Psalm 5,4*
> ♦ Petrus stieg auf das Dach, um zu beten; es war um die sechste Stunde. *Apostelgeschichte 10,9*
> ♦ Als Abendopfer gelte vor dir, wenn ich meine Hände erhebe. *Psalm 141,2b*

Können diese Zeiten nicht eingehalten werden, ist auch jede andere Zeit zum Beten möglich. Es ist besser, einmal am Tag zu beten als überhaupt nicht.

Fragen und Antworten zu diesem Kapitel:

1. Ein jedes Gebet ist anders – je nach der Seelenverfassung des Betenden. Gilt dies auch für das Ruhegebet oder nimmt dies eine Sonderstellung ein?

Ein Bergwanderer hat nicht nur den Wunsch, sondern sich auch zum Ziel gesetzt, den Gipfel zu erklimmen. Es gibt nun verschiedene Wege, dorthin zu gelangen. Ohne lange zu überlegen, wählt er den erstbesten und bricht auf. Infolge übergroßer Anstrengung verliert er jedoch seine Kondition und kehrt um. Auch Angst, nicht mit der neuen Situation fertig zu werden, beeinflusste seinen Umkehr-Entschluss. Vor einem Alleingang wird immer gewarnt. Um sein Ziel zu erreichen, hätte er vorher einen Plan machen und sich mit einem versierten Bergsteiger beraten sollen. Dieser ist in der Lage, ihm den sichersten und schnellsten Weg zum Gipfel des Berges zu zeigen und ihn eventuell beim ersten Aufstieg zu begleiten.

Eine gezielte Bergwanderung ist etwas anderes als zur Entspannung und Erholung spazieren zu gehen und dabei die Natur und vielleicht eine schöne Aussicht zu genießen. Wer jedoch den Wunsch in sich spürt, neue Welten zu erfahren, einen größeren Horizont und tiefere Einsichten, der wird sich – seiner Sehnsucht folgend – unter sachkundiger Führung, die letztlich die des Heiligen Geistes ist, auf den Weg machen zum Berg und Gipfel der Gotteserfahrung.

2. Hat ein spontanes Beten aus einer bestimmten Situation heraus eine andere Wirkung als ein sorgsam vorbereitetes Gebet?

Eine sorgsame und gute Vorbereitung rechten Betens schließt eine Spontaneität keinesfalls aus, die oft aus wahrem und bewegterem Herzen kommt als geplantes und gewolltes Beten. Cassian möchte jedoch mit seiner Gebetsschule erreichen, dass wir durch Vorbereitung und Einübung in das Beten Fortschritte machen und somit aus einem tieferen Herzen und erweiterten Bewusstsein unser Leben gestalten.

3. *Ist das aus einem tiefen Bedürfnis kommende Gebet nahezu wirkungslos, wenn es zur »falschen Himmelsrichtung« und an einem Ort verrichtet wird, der durch ein tragisches Schicksal beladen ist?*

Ist dem Betenden ein tragisches Schicksal bewusst, so nimmt er es selbstverständlich zum Heil mit in sein Gebet. Gerade dieses Anliegen haben sich die Karmelklöster in Dachau, Plötzensee und Auschwitz zur Lebensaufgabe gemacht. Oft sind wir jedoch selbst so belastet, dass wir vorübergehend nicht in der Lage sind, die Schicksale anderer Menschen auf diese Weise fürbittend mitzutragen. Dann sollten wir vorerst unbelastete Orte suchen oder dorthin gehen, wo viel gebetet wurde oder wird, um seelisch stabiler zu werden. In den meisten Kulturen beginnen Riten und Gebete mit der Hinwendung zum Osten, dem Aufgang des Lichtes. Die Apsis christlicher Kirchen weist ebenfalls nach Osten, was nicht nur Symbolcharakter hat, sondern dem Beten erfahrungsgemäß eine unterstützende Kraft gibt.

9. Kapitel
Hingabe an Gott

Im Ruhegebet
- bringen wir uns selbst Gott dar. Wir übereignen uns mit ganzem Herzen dem Herrn und »verlassen« uns auf ihn,
- legen wir alle Relationen dieser Welt ab, indem wir nicht mehr in ihr aktiv sind. Durch die Hingabe des Herzens öffnen wir uns ihm und sind ganz für ihn da,
- erfahren wir die Armut des Geistes, wenn wir weder an materiellen Gütern noch an Anerkennung festhalten,
- lassen wir sexuelles Verlangen zurück und werden frei von Ungeduld,
- geben wir alle Stimmungen ab wie Gereiztheit, Zorn, Trübsinn und Traurigkeit.

Wenn wir uns das Ruhegebet fest vorgenommen haben und es dann nicht ausführen oder es aus Trägheit nachlässig handhaben und in alte Fehler zurückfallen, werden wir sogar schuldig an unseren Gebeten.

Haben wir erst einmal von der Bedeutung und den weitreichenden Auswirkungen dieses Betens für uns selbst und andere erfahren, wird es keines äußeren Einflusses mehr bedürfen, diesen Weg weiterzugehen.

Mit Recht werden jetzt die Fragen auftreten:
- Wie ist es praktisch möglich, mich auf den Herrn zu verlassen?
- Was ist zu tun, um nicht mehr aktiv zu sein – vornehmlich in Gedanken?
- Wie ist es möglich, keine Erwartungshaltung zu haben und die damit verbundene Ungeduld abzulegen?

- Auf welche Weise können Stimmungen abgegeben werden, wenn sie einen Menschen durch und durch ergriffen haben?

Diese und ähnliche berechtigte Fragen stellten auch die Schüler den Altvätern immer und immer wieder. Nur langsam und zögernd, prüfend und abwartend führten sie die Gott Suchenden in die tieferen Geheimnisse rechten Betens ein.

10. Kapitel

Schweigen

Wir sprechen vom Ruhegebet, wenn der Betende sich selbst und damit alles Wollen, jegliche Vorstellung, alle Erwartungen, ja, selbst die eigenen Gedanken verlässt und sich vertrauensvoll dem Herrn überlässt. Das sich gänzlich auf Gott Verlassen bedarf der Einübung und kann nicht vom Willen her gesteuert werden. Alles, was die Hingabefähigkeit des Betenden bisher behindert hat, macht jetzt dem schweigenden Dasein vor Gott Platz. Die Augen der Seele sind auf das liebende Entgegenkommen des Schöpfers gerichtet, sodass die gesamte Haltung des Betenden zur Anbetung wird.

Wenn eine Mutter ihr hungriges Kind zum Essen ruft, wird es sofort kommen. Wird nicht in gleicher Weise auch unsere hungrige Seele von Gott angesprochen, der ihre Sehnsucht stillen und sie mit ewigem Leben sättigen möchte? Damit du nicht die leise Sprache deiner Seele überhörst – viele Gedanken und Aktivitäten lassen das oft nicht zu – solltest du dich täglich für eine kurze Zeit ins Schweigen zurückziehen. Der Schöpfer ist von Sehnsucht erfüllt, seinem Geschöpf zu begegnen. Lässt du die Stille zu oder zwingt dich ein Schicksalsschlag zum Schweigen, spürst du auch in dir eine geheime Sehnsucht, Gott zu begegnen. Nur aus dieser Quelle gewinnst du neue Lebenskräfte, deren Ziel die Ewigkeit ist.[36]

Alles von Gott Gewollte geht aus dem von ihm beseelten Schweigen hervor. Das Ruhegebet führt in dieses göttliche Schweigen, das der Urgrund allen Seins ist und alles Geschaffene trägt und verantwortet. Mit zunehmender Gebetspraxis taucht der Betende in diesen Raum des Schweigens ein, indem er all das zurücklässt, was ihn hindert, die leise Sprache Gottes wahrzunehmen.

Herr Jesus, dein Sprechen mit dem Vater ging aus deinem Schweigen hervor. Führe mich in dieses Schweigen, damit ich in deinem Namen spreche und deshalb meine Worte fruchtbar werden. Es ist so schwer zu schweigen, mit den Lippen zu schweigen, aber noch viel mehr, mit dem Herzen zu schweigen. In mir geht so viel Gerede vor sich. Es ist, als sei ich innerlich ständig in irgendwelche Auseinandersetzungen verwickelt, entweder mit mir selbst oder mit meinen Freunden, meinen Feinden, meinen Anhängern, meinen Gegnern, meinen Kollegen und meinen Rivalen. Aber diese innere Diskussion beweist, wie weit mein Herz von dir entfernt ist. Wenn ich einfach zu deinen Füßen säße und mir bewusst wäre, dass ich dir und dir allein gehöre, dann würde ich leicht aufhören können, mit all den wirklichen oder vermeintlichen Gesprächspartnern zu diskutieren. All diese Argumente zeigen meine Unsicherheit, meine Angst, meine Befürchtungen und mein Bedürfnis, anerkannt und beachtet zu werden. Herr, gib mir dieses Schweigen. Mach mich geduldig und lass mich langsam in jenes Schweigen hineinwachsen, in dem ich ganz bei dir sein kann.[37]

Unserem Gebet und der damit verbundenen Sehnsucht, Gott zu begegnen, haftet immer etwas Unvollkommenes und Ungenügendes an. Können wir denn begreifen, wohin unsere Sehnsucht geht und wonach wir im Gebet rufen? Der Geist Gottes gibt uns Geleit, neigt sich uns zu, seufzt mit uns und macht unser Seufzen zu einem angemessenen Seufzen. Es ist ein vollkommen wortloses und schweigendes Seufzen, denn für das, wonach wir und der Geist in uns seufzen, gibt es kein Wort. Und trotzdem wird unser wortlos schweigendes Aufrichten und Ausrichten auf Gott von ihm gehört. In diesem, von Gottes Geist unterstützten Gebet, das sich in unserem Herzen vollzieht, geschieht das Eigentliche und Wesentliche. Gott, der die Herzen erforscht und durchschaut, hört aus dem Herzen die Stimme des Geistes, die zu ihm dringt und sich – zusammen mit uns – mit ihm vereint.[38]

11. Kapitel
»Dein Wille geschehe, wie im Himmel so auf Erden«

In der dritten Vaterunser-Bitte wird der Wille Gottes vom Betenden angesprochen. Alles an dritter Stelle Stehende ist von ganz besonderer Bedeutung und Wichtigkeit.

Nachdem der Engel Gabriel in Nazaret Maria die frohe Botschaft verkündet und ihr die Geburt Jesu verheißen hatte, antwortete Maria: »Ich bin die Magd des Herrn; mir geschehe wie du es gesagt hast« (Lukas 1,38). Mit dieser Antwort am Beginn des Christus-Ereignisses nimmt Maria die dritte Vaterunser-Bitte vorweg. Der Gott Suchende und auf Gott Hörende übt im Ruhegebet, seinen eigenen menschlichen Willen und sein Wollen zurückzunehmen, ja, zeitweilig sogar ganz aufzugeben, um dem Willen Gottes und seiner Gegenwart in sich Raum zu gewähren und nach ihm sein Leben auszurichten. Gott möchte aus Liebe zu seinen Geschöpfen und der gesamten Schöpfung seinen Heiligungs- und Heilswillen allen kundtun, damit nichts und niemand verloren geht. Diese universale Dimension der Gottesliebe umfasst Himmel und Erde. Der Mensch, der noch in der Begrenztheit von Raum und Zeit lebt, lernt durch die Gebetsanrufung »Dein Wille geschehe, wie im Himmel so auf Erden« seine eigenen Grenzen auf Gott hin transparent werden zu lassen. Dem mündlichen Gebet folgt das Gebet des Herzens, und diesem Gebet das Schweigen, eine tiefe Ruhe der Seele, in der Gott seinen wohlwollenden Willen dem Menschen kundtun kann.

Im Gebet sollte es dir nicht darum gehen, was dir gut erscheint, sondern darum, was Gott gefällt. Das allein

> wird dein Gebet von Störungen frei halten und dich
> mit Dank erfüllen, während du betest.[39]

Ausgehend von Maria hat Jesus selbst durch sein Wort und
sein Leben den Menschen gezeigt, wie es möglich ist, den
Willen Gottes zu erkennen, zu bejahen und auszuführen.
Die Bitte und gleichzeitig die innere Haltung des Betenden
besteht darin, dass sich Gottes Wille hier auf Erden ver-
wirkliche, wie er bereits im Himmel verwirklicht ist. Gott
selbst ist der Handelnde, und dem Menschen kommt es zu,
Empfangender zu werden, um den Willen Gottes in seinem eigenen Willen aufgehen zu lassen. Wenn wir die Liebesimpulse Gottes, die er uns immer wieder neu schenkt,
in unserem Leben umsetzen, dann verwirklicht sich schon
Gottes Königtum hier auf der Erde. Die menschliche Seele,
der Geist, die Kraft und die Kreativität des Menschen werden mehr und mehr von der Gnade Gottes durchtränkt, bis
einmal der gesamte Mensch durch und durch von der Liebe
Gottes und seiner Gegenwart erfüllt ist. Daher muss es im
menschlichen Leben Pausen geben, die er mit dem Gebet der
Hingabe füllt, um jenseits eigener Aktivität zum Empfangenden zu werden.

In der dritten Vaterunser-Bitte ist der Wunsch enthalten,
dass der Himmel zur Erde werde und die Erde zum Himmel.
Diese universale und kosmische Weite nimmt ihren Anfang
in der Seelentiefe des Menschen und reicht bis in die tiefsten
Tiefen der gesamten Schöpfung. Es sollte vielen Menschen
die Erkenntnis zuteil werden, dass nur, wenn wir im Gebet
des Schweigens auf den Herrn horchen, wir uns selbst gehören. Durch das Ruhegebet, das die Haltung »Dein Wille geschehe« einübt, können wir sanftere Wege gehen, bei denen

der Aufbruch schrittweise erfolgt und nicht so schmerzhaft ist wie manches Mal im aktiven Leben oder gar im Kampf des Lebens. Das Gebet der Ruhe verspricht die beste Übung, gelassen, frei und »willenlos« zu werden und den Willen Gottes geschehen zu lassen oder gar noch auf ihn zu warten.

Im Geheimnis des Glaubens wie auch beim Ruhegebet geht es um eine Umwandlung: Die Erde soll zum Himmel werden. Dies kann jedoch nur geschehen, wenn wir Gottes Reich in uns ankommen lassen, indem wir als Erstes im Gebet unseren Willen Gott hingeben, damit er sich mit dem göttlichen Willen vereinen kann. Durch Umwandlung wird zunehmend die Trennung zwischen dem Schöpfer und seinem Geschöpf aufgehoben. Wird in diesem Bewusstsein gebetet »Dein Wille geschehe«, so sind damit alle Schichten und Zeiten des menschlichen Seins erfasst. Der Betende legt im Gebet der Ruhe seinen Willen in die Hände Gottes – darauf vertrauend, dass nur etwas unendlich Gutes mit ihm geschehen kann. Der Mensch ist nur in der Lage, sich selbst Gott zu übergeben, die Übereinstimmung mit dem Willen Gottes, seiner Liebe und seinem Wirken jedoch kann nur vom Herrn selbst vollzogen werden. »Gott verwandelt uns nicht nur in Glaubende, Liebende und Hoffende, er erfüllt uns von innen so mit sich selbst, dass wir in ihn verwandelt werden.«[40]

Mit Christus – er ist der Auferstandene – handelt der Betende in und mit Gott; er verwirklicht die ihm innewohnende Liebe zu den Mitmenschen und zur gesamten Schöpfung. Durch Christus, den er in seinem Gebet immer wieder anruft, steuert er auf eine langsame endgültige Überwindung von Zeit und Tod.

Durch Christus und die Anrufung seines Namens im Ruhegebet schließen wir alle Negativität aus, die in unserer gelebten Nachfolge keinen Platz haben sollte. Wir beten darum, den Willen des Vaters so zu erfassen wie Christus, der gekommen ist, den Willen seines Vaters zu tun und zu vollenden.

> Jesus sprach zu ihnen: Meine Speise ist es, den Willen dessen zu tun, der mich gesandt hat, und sein Werk zu Ende zu führen. *Johannes 4,34*

Frage und Antwort zu diesem Kapitel:

Ein völliges Loslassen fällt vielen schwer. Besteht nicht die Gefahr, die Kontrolle über sich zu verlieren?
Sowohl die Berichte der Wüstenväter und aller, die das Ruhegebet praktiziert haben und praktizieren, als auch die eigene Erfahrung zeigen, dass man keine Befürchtungen haben muss, abzusinken ohne wieder aufzutauchen. Wenn wir uns im Gebet öffnen und dabei den eigenen Willen zurücknehmen und er durch die Gebetsmethode vorübergehend ganz zum Schweigen gebracht wird, verlieren wir uns nicht in einem Nichts. Durch das Gebet richten wir uns durch, in und mit Christus auf den Schöpfer aus und schenken ihm im Schweigen einen Teil unserer Zeit, damit seine Gnade uns unabgelenkt berühren kann. Aus seiner Gabe an uns wird unsere Auf-Gabe, die es dann außerhalb des Gebetes für uns zu erfüllen gilt. Wenn wir göttliche Gaben und Liebesimpulse erhalten und diese bedenkenlos aus guter Intuition an andere Menschen weiterschenken, ist absolut keine Selbstkontrolle mehr notwendig, da wir von Übung zu Übung zunehmend den Willen Gottes empfangen und erfüllen. Das

vertrauensvolle Loslassen und Empfangen kann nicht durch unseren Willen gesteuert werden – wir müssen es täglich einüben, damit es in unserem Leben Früchte trägt.

»Herr, auf dich vertraue ich, in deine Hände lege ich mein Leben.«[41]

12. Kapitel
Entgrenzung erfahren

Cassian sagt: »Ohne Zweifel schenkt uns Gott unzählige Gelegenheiten, in denen unsere schläfrigen und müden Herzen durch seine Gnade aufgerüttelt und auf Gott hin entgrenzt werden.«

In dieser Entgrenzung liegt das Wesen des Ruhegebetes. Lebenssituationen, die uns für Augenblicke aus der Grauzone des Alltags führen und uns die göttliche Dimension offenbaren, können wir nicht willentlich herbeiführen – sie sind Geschenk des Himmels. Auf ihre Wiederkehr zu warten, wäre müßig. Doch können wir uns durch das Gebet und vornehmlich durch das Ruhegebet bereiten und damit empfänglich machen für die uns entgegenkommende Liebe Gottes. Wenn wir uns regelmäßig auf den Schöpfer ausrichten und eine Beziehung zu ihm aufnehmen, dürfen wir sicher sein, dass wir in eine tiefere und erfüllendere Ebene des Betens geführt werden. Dieses wunderbare Geheimnis der Entgrenzung ist dem tiefen Gebet der Hingabe eigen.

Das tiefste Anliegen Cassians ist es, dass der Betende in allem und durch alles in seinem Leben eine Begegnung mit dem Schöpfer erfährt, dem Urgrund allen Seins, mit Gott, der die Liebe ist. Cassian möchte seine Schüler in eine solche

Weite des Bewusstseins führen, in der jede Wahrnehmung zu einer Gottesbegegnung wird. Durch die Übung des Ruhegebetes wird die Reinheit des Herzens zu einem andauernden Zustand, der einen entscheidenden Wendepunkt auf dem spirituellen Weg des Christen darstellt.

Das Ruhegebet vermittelt intuitive Erkenntnis der Einfachheit und führt letztlich zu einem erfahrungsmäßigen Wissen um Gott, dessen Nähe ständig erfahren wird. Freude am Einfach-Dasein wird im Gebet erlebt. Wenn aller »Besitz« aufgegeben und alles losgelassen wird, dann steht der Betende in absoluter Einfachheit vor Gott. Der Geist kann ganz einfach und leicht in der strengen Armut einer kurzen Anrufung schwingen, bis jener Glückszustand erreicht ist, den das Evangelium »selig« nennt. So ist auch die erste Seligpreisung zu verstehen: »Selig sind die Armen im Geiste, denn ihrer ist das Himmelreich« (Matthäus 5,3). Im Ruhegebet leben, ja, atmen wir die Armut immer mehr. Es ist die einfache, in sich selbst schwingende Ruhe, die den Reichtum der ganzen Schöpfung in sich enthält, die Ruhe, von der auch am siebten Schöpfungstag Gott selbst spricht.

Die Gotteserfahrung führt zu einer Aufhebung der Grenzen: »Was in der Tat kann vollkommener oder höher sein als die Bewusstwerdung Gottes in einem so kurzen Gebet zu erreichen und sogar durch das Dahin-strömen-Lassen eines einzigen Verses alle sichtbare Begrenzung zu überschreiten und gleichsam alle Gebetszustände in kurzen Worten zusammenzufassen?«[42] Die Wüstenväter wussten, dass diese Art des Betens eine große Herausforderung darstellt: Die meisten Menschen können nur sehr schwer begreifen, dass die Wahrheit und das Wesentliche so einfach sind.

Aus dieser Erkenntnis heraus wurden ihre Schüler erst nach langer Vorbereitung und Prüfungen in die tieferen

Geheimnisse des Gebetes eingeführt. Das Ruhegebet trägt wesentlich dazu bei, das Leben in tieferen Dimensionen des Seins zu erfahren und eine Beständigkeit des Herzens zu erlangen. Das Ruhegebet kommt der Sehnsucht nach Ganzheit entgegen, nach Integration von Geist, Seele und Körper, nach Erkenntnis und Bewältigung des dunklen Schattens im Menschen. Er wird frei von unnötigem Ballast, durchlässig für den Geist Christi, sodass er seinen eigenen Weg erkennen, gehen und bejahen kann.

Cassian holt diejenigen, die das Ruhegebet erlernen möchten, zunächst da ab, wo sie mit ihren Alltagserfahrungen stehen. Er weiß um die tieferen Zusammenhänge und darum, dass allen veränderlichen Zuständen – und damit sind auch die sich ständig ändernden Zustände des menschlichen Bewusstseins gemeint – der eine, unveränderliche, ewige Zustand zugrunde liegt, aus dem sich alles Leben erhebt und wohin es sich sehnt zurückzukehren. Cassian lernte von den Vätern in der Wüste und wusste aus seiner persönlichen Erfahrung, dass beim Übergang von einer Befindlichkeit in eine andere die göttliche Dimension am ehesten wahrnehmbar ist. Er meint damit: Transzendenzerfahrungen schenken sich dem Menschen vor allem

- beim betenden Übergang von der Aktivität in die Ruhe,
- beim Innehalten zwischen zwei verschiedenen aufeinanderfolgenden Handlungen,
- in den Ruhephasen vor großen Lebensentscheidungen,
- beim Gebet während des Tagesanbruchs und entsprechend am Ende des Tages, wenn der Abend und die Nacht anbrechen,
- während einer plötzlichen Einsicht bei Überforderungen,
- wenn er aus reinem Herzen liebt und spürt, dass er wiedergeliebt wird

- und generell immer da und dann, wo ein sich verändernder Zustand zu Ende geht und ein neuer sich zu erheben beginnt.

Die Chance, dass sich hier das alles tragende Fundament, das Gott und die Liebe ist, zu erkennen gibt, ist Bestandteil eines jeden Lebens.

13. Kapitel
Auswirkungen des Ruhegebetes

Was sich im Tiefsten der menschlichen Seele durch das Gebet der Ruhe vollzieht, bleibt letztlich dem Schöpfer vorbehalten. Wir können es selbst mit herausragenden psychologischen Methoden und wissenschaftlichen Einsichten nicht ergründen. Vieles bleibt vorerst dem ständig nach dem Grund allen Geschehens fragenden Geist verschlossen. Zur rechten Zeit jedoch wird der Schöpfer nach seinem Dafürhalten dem Menschen Einsicht in tiefere Schöpfungszusammenhänge gewähren. Eine andere Frage beantwortet zu bekommen, ist wesentlich entscheidender: »Worin bestehen die Auswirkungen des Ruhegebetes?«

> An ihren Früchten werdet ihr sie erkennen. Erntet man etwa von Dornen Trauben oder von Disteln Feigen? Jeder gute Baum bringt gute Früchte hervor, ein schlechter Baum aber schlechte. *Matthäus 7,16–17*

Cassian führt einige wesentliche Veränderungen an, die sich durch einen heilsamen Aufbruch, bewirkt durch das Ruhegebet, einstellen können. Als Erstes nennt er die dem Menschen eigene Lebensfreude und die Heiterkeit des Herzens, die einem Großteil aller Menschen verloren gegangen ist. Es kann jedoch auch sein, dass jemand, von dem Schwere und Ballast abgefallen sind, sich selbst in dieser neuen Befindlichkeit als zunächst noch unwirklich erlebt.

Der oft wortlose Schrei der gefesselten Seelen, der unerlösten Natur, auch das Rufen der Kranken und Sterbenden wie auch der gequälten Tiere muss unweigerlich für diejenigen hörbar werden, die sich auf ihrem Gebetsweg dem Wesen der Schöpfung und damit dem Schöpfer nähern. Sofort treten sie stellvertretend und fürbittend für die Leidenden ein.

Cassian kennt dieses Angekettetsein und das Gefangensein in sich selbst, das den Menschen unfrei macht und ihm den Weg in die Freiheit[43], und damit zu Gott, versperrt. Er weiß um die Tragik und das Gespaltensein im Menschen, wenn er nicht in sich selbst ruht, das heißt letztlich in Gott, und ein Leben zu leben vermag, wie es ihm entspricht.

Die Lösung des in sich selbst Gefangenseins, das Freiwerden von allen bindenden Elementen erfolgt nicht von außen, sondern einzig und allein von innen. Verschlossenes und Totgeglaubtes tut sich auf und verlebendigt sich. Alles Angstmachende und Einengende fällt in sich zusammen und hat keine Macht mehr. In dem absolut notwendigen Vorgang des Aufbruchs und der damit verbundenen Persönlichkeitsentfaltung schwindet die Furcht vor anderen Menschen, lösen sich tief verwurzelte und krank machende Dauerspannungen, sodass das eigentliche, ihm von Gott zugedachte Wesen des Menschen durchscheinen und er seine Bestimmung leben kann.

Alle, die diese oder ähnliche Erfahrungen gemacht haben, wissen, dass keiner mehr von außen die Macht hat, in das eigene Leben »hinein zu regieren«, und dass nur die eine Weisung, die von innen her kommt, die Sprache des Herzens, zuverlässig ist und Gewissheit gibt. Der Betende hat durch das Ruhegebet gelernt, indem er sich selbst und damit sein enges und oft angstbesetztes Bewusstsein verlässt, um sich ganz auf den Herrn zu verlassen, die Wahrheit der inneren Stimme Gottes in sich selbst bedingungs- und »gedankenlos« anzunehmen.

Cassian sagt, dass es viele Auswirkungen des Ruhegebetes gibt. Eine davon ist das Staunen über eine plötzliche Erleuchtung, das zunächst einmal sprachlos macht, da der Betroffene es einfach noch nicht fassen kann, was mit ihm geschehen ist. Die Auswirkungen des Ruhegebetes können zusammengefasst werden als ein von Verantwortung getragenes, bewusstes Leben auf der Grundlage des Evangeliums, der Bergpredigt.

- ◆ *Sinnvolle Nutzung der Energiereserven*
  »Ihr seid das Licht der Welt. Eine Stadt, die auf einem Berg liegt, kann nicht verborgen bleiben. Man zündet auch nicht ein Licht an und stülpt ein Gefäß darüber; sondern man stellt es auf einen Leuchter; dann leuchtet es allen im Haus. So soll euer Licht vor den Menschen leuchten, damit sie eure guten Werke sehen und euren Vater im Himmel preisen« (Matthäus 5,14–16).
- ◆ *Sensibilisierung des Gerechtigkeitsgefühls*
  »Wenn eure Gerechtigkeit nicht weit größer ist als die der Schriftgelehrten und Pharisäer, werdet ihr nicht in das Himmelreich kommen« (Matthäus 5,20).
- ◆ *Bewältigung von Konflikten*
  »Wenn du deine Opfergabe zum Altar bringst und dir dabei einfällt, dass dein Bruder etwas gegen dich hat, so lass

deine Gabe dort vor dem Altar liegen; geh und versöhne dich zuerst mit deinem Bruder, dann komm und opfere deine Gabe. Schließ ohne Zögern Frieden mit deinem Gegner, solange du mit ihm noch auf dem Weg zum Gericht bist« (Matthäus 5,23–25).

- *Harmonisierung zwischenmenschlicher Beziehungen*
  »Wer eine Frau auch nur lüstern ansieht, hat in seinem Herzen schon Ehebruch mit ihr begangen« (Matthäus 5,28).

- *Stärkung der Aufrichtigkeit*
  »Euer Ja sei ein Ja, euer Nein ein Nein; alles andere stammt vom Bösen« (Matthäus 5,37).

- *Vergrößerung der Toleranzbreite*
  »Liebet eure Feinde und betet für die, die euch verfolgen … Wenn ihr nämlich nur die liebt, die euch lieben, welchen Lohn könnt ihr dafür erwarten?« (Matthäus 5,44.46).

- *Sicherheit im Alltag durch Erfahrung tieferer Glaubenswahrheiten*
  »Wenn ihr betet, sollt ihr nicht plappern wie die Heiden, die meinen, sie werden nur erhört, wenn sie viele Worte machen … So sollt ihr beten: Unser Vater im Himmel …« (Matthäus 6,7–15).

- *Verfeinerung des Umweltbewusstseins*
  »Wenn ihr fastet, macht kein finsteres Gesicht wie die Heuchler. Sie geben sich ein trübseliges Aussehen, damit die Leute merken, dass sie fasten … Du aber salbe dein Haar, wenn du fastest, und wasche dein Gesicht, damit die Leute nicht merken, dass du fastest« (Matthäus 6,16–17).

- *Abbau von Ängsten*
  »Macht euch also keine Sorgen und fragt nicht: Was sollen wir essen? Was sollen wir trinken? Was sollen wir anziehen? … Euer himmlischer Vater weiß, dass ihr das alles

braucht. Euch aber muss es zuerst um sein Reich und um seine Gerechtigkeit gehen; dann wird euch alles andere dazu gegeben« (Matthäus 6,31–33).

- *Bereitschaft zur Selbsterkenntnis*
»Warum siehst du den Splitter im Auge deines Bruders, aber den Balken in deinem Auge bemerkst du nicht? Wie kannst du zu deinem Bruder sagen: Lass mich den Splitter aus deinem Auge herausziehen! – Und dabei steckt in deinem Auge ein Balken? Du Heuchler! Zieh zuerst den Balken aus deinem Auge, dann kannst du versuchen, den Splitter aus dem Auge deines Bruders herauszuziehen« (Matthäus 7,3–5).

- *Steigerung des Selbstwertgefühls*
»Gebt das Heilige nicht den Hunden, und werft eure Perlen nicht den Schweinen vor, denn sie könnten sie mit ihren Füßen zertreten und sich umwenden und euch zerreißen« (Matthäus 7,6).

- *Mut zum Vertrauen*
»Bittet, dann wird euch gegeben; sucht, dann werdet ihr finden; klopft an, dann wird euch geöffnet. Denn wer bittet, der empfängt; wer sucht, der findet; wer anklopft, dem wird geöffnet« (Matthäus 7,7–8).

- *Bereitschaft zum ersten Schritt*
»Alles, was ihr also von anderen erwartet, das tut auch ihnen!« (Matthäus 7,12).

- *Fähigkeit zu differenzierter Wahrnehmung*
»An ihren Früchten werdet ihr sie erkennen. Erntet man etwa von Dornen Trauben oder von Disteln Feigen? Jeder gute Baum bringt gute Früchte hervor, ein schlechter Baum aber schlechte. Ein guter Baum kann keine schlechten Früchte hervorbringen und ein schlechter Baum keine guten« (Matthäus 17,16–18).

- *Erhöhung der Standfestigkeit*
  »Wer diese meine Worte hört und danach handelt, ist wie ein kluger Mann, der sein Haus auf Fels baute. Als nun ein Wolkenbruch kam und die Wassermassen heranfluteten und die Stürme tobten und an dem Haus rüttelten, da stürzte es nicht ein; denn es war auf Fels gebaut« (Matthäus 7,24–25).

Fragen und Antworten zu diesem Kapitel:

1. Es ist kaum vorstellbar, dass durch eine einfache Gebetsweise kettenschwerer Ballast vom Menschen abfallen soll. Darf man etwas so Gravierendes behaupten, denn die Erwartungshaltung wird dadurch sehr hoch geschraubt?
Erfahrungen aus mehr als 1500 Jahren – beginnend von den Wüstenvätern bis in die heutige Zeit – beweisen, dass bei einem so tiefgreifenden Gebetsweg, wie ihn das Ruhegebet darstellt, als Erstes dasjenige vom Betenden abfällt, was nicht zu ihm gehört und ihn an Krankmachendes bindet. Es gibt physiologische und psychologische Untersuchungen, die die Tendenz zeigen – und das soll mit aller Vorsicht gesagt werden –, dass das Ruhegebet oder ihm ähnliche Gebetsweisen der Hingabe Erfolge zeigen, die der Erfüllung der von Jesus in der Bergpredigt aufgestellten Verhaltensweisen nahe kommen. Wer einen solchen Gebetsweg geht, wird diese Aussage aus eigener Erfahrung bestätigen. Der erste Schritt besteht im Freiwerden von unnötigem Ballast. Diese Reinigung drückt sich allerdings individuell sehr verschieden aus.

Wenn auch eine gewisse Erwartungshaltung mit dem Aufzählen der positiven Veränderungen einhergeht, so übt sich der Betende in der vorgegebenen Gebetsweise jedoch ein, diese völlig wieder loszulassen und abzugeben. Stellt nicht auch Christus Ziele vor Augen, die zunächst unerreichbar erscheinen, für diejenigen jedoch, die konsequent den Weg der Nachfolge gehen, immer realistischer und sogar erreichbarer scheinen?

2. Kann jemand stellvertretend für einen anderen beten?
Durchaus kann jemand stellvertretend für einen anderen oder andere Menschen beten. Solange der Betroffene es nicht vermag, für sich selbst zu beten, bedarf er sogar des stellvertretenden Gebetes. Ist er jedoch in der Lage, für sich selbst und andere zu beten, hat dies Vorrang, und das fürbittende Gebet wird ihn dann in der Verwirklichung seines Anliegens unterstützen. »Ein Bruder sprach zum Altvater Antonios: ›Bete für mich!‹ Der Greis entgegnete: ›Weder ich habe Erbarmen mit dir – noch Gott, wenn du nicht selbst damit beginnst zu beten.‹«[44]

14. Kapitel
Das Ruhegebet unterstützen

Da im Ruhegebet keine konkrete Bitte Gott vorgetragen wird, sondern der Betende sich dem Schöpfer und seinem Willen öffnet, indem er sich ihm ganz hingibt, besteht die Erhörung des Gebetes in dem, was auch immer geschieht. Die Haltung, die der Betende einnimmt, ist die der dritten Vaterunser-Bitte »Dein Wille geschehe, wie im Himmel so auf Erden«. Je mehr das eigene Wollen, Erwartungen und Vorstellungen im Gebet zurücktreten, umso mehr Raum wird dem Wirken des Schöpfers gewährt. Das Ruhegebet eröffnet diesen Weg und befreit ihn von Widerständen, die sich auf verschiedenste Weisen eingeschlichen haben und immer wieder einschleichen. Die guten Auswirkungen des Gebetes – sie sind ein Geschenk des Schöpfers – können allerdings vom Betenden hilfreich unterstützt werden. Er kann den Weg bereiten, damit das Entgegenkommen Gottes weder aufgehalten noch zurückgewiesen wird; er kann Voraussetzungen schaffen, um eine noch größere Gnade aufzunehmen, die dem Liebeswerben Gottes um den Menschen entspringt; er kann den ersten Schritt tun und die Tür seiner Innerlichkeit öffnen, die vielleicht durch Enttäuschungen, Verletzungen, Angst und Zweifel lange verschlossen war. Die folgenden konkreten Schritte möchten den Gott Suchenden auf seinem Weg unterstützen und ihm helfen, dass sein Gebet wirkmächtiger wird.

Gemeinsam beten

Kommt zum gemeinsamen Gebet die innere Übereinstimmung mit anderen, dann ist dieses Gebet wesentlich stärker als das des Einzelnen. Im Ruhegebet trägt der Betende kein besonderes Anliegen vor Gott; es ist jedoch ein überaus wesentliches und wichtiges Gebet, das sich im Geist des Glaubens und der Gemeinschaft mit Gott und Jesus Christus vollzieht. Der so Betende weiß, dass er mehr und mehr im Einklang mit dem Willen Gottes betet, wie es Jesus im Vaterunser lehrte. Wenn mehrere Menschen diesen Weg gemeinsam gehen, sind die durch die Anrufung Gottes entstehenden Gebetsschwingungen unvergleichbar stärker als wenn jemand für sich allein betet.

Sowohl die Heilige Schrift als auch die Liturgie mit ihren Gebeten sprechen auf dem Weg zur Vollkommenheit und Vollendung nicht vom Einzelnen, sondern immer von Gemeinschaften: Jüngerschar, Glaubensgemeinschaft, Gemeinde, Gemeinschaft der Verstorbenen, Gemeinschaft der Heiligen.

Beharrlichkeit und Ausdauer

Ein weiterer überaus wichtiger Hinweis zum Ruhegebet besteht darin, beim Beten beharrlich und ausdauernd zu sein. Es kann Zeiten geben, in denen der Betende geneigt ist, aufzugeben, da sich – wie er meint – kein Erfolg einstellt. Und gerade hier ist es geboten, bedenkenlos weiterzumachen – ohne irgendwelche Erwartungen und Vorstellungen.

Ein Schüler beschwerte sich bei seinem Lehrer, der ihn in das Gebet der Ruhe eingeführt hatte, darüber, dass sich von seinen Hoffnungen nur sehr wenige erfüllt hätten. Der Lehrer ermutigte ihn weiterzumachen und keine bestimmten Erwartungen an das Ruhegebet zu stellen. Er gab ihm das folgende Beispiel: »Ein junger Mann hatte sich in die thebaische Wüste zurückgezogen, um vorübergehend ein Einsiedlerleben zu führen. Der Abbas, der ihn in die Einsiedelei begleitete, nahm ein dürres Stück Holz, pflanzte es ein und sagte: ›Begieße es täglich mit einem Eimer Wasser, bis es Frucht bringt.‹ Obwohl der junge Mann weit vom Wasser entfernt lebte, tat er, was ihn der Abbas geheißen hatte. Für ihn bis dahin Unvorstellbares geschah: Nach drei Jahren kam Leben in das Holz; es begann zu grünen, zu blühen und zu fruchten.«

Wissen wir, wenn wir immer wieder im Gebet den Schöpfer anrufen und ihm einen Teil unserer Lebenszeit zurückschenken, was in der Tiefe unserer Seele zu heilen, zu wachsen und zu fruchten beginnt? Da unsere innere Wahrnehmung durchaus noch nicht alle Gründe durchdringen kann, sollten wir vertrauen, dass bei jedem Gebet etwas Gutes mit uns geschieht, was vielleicht erst sehr viel später für uns einsehbar wird. Eines kommt noch hinzu: Gott hört und erhört jedes Gebet. Es ist allerdings von großer Wichtigkeit zu wissen, dass uns die Erhörung nicht immer sofort zuteil wird. Auch die Art und Weise wie Gott uns Erhörung schenkt, kann ganz anders sein als wir sie uns vorstellen oder erwarten.

Unter keinen Umständen sollten wir das Ruhegebet aufgeben, wenn wir nicht den erwarteten Erfolg haben oder keine Erhörung zu finden glauben. Wenn wir geben – im Ruhegebet ist es die Ganzhingabe – weiß der Schöpfer am besten, was er uns zu welcher Zeit zurückgibt und was wir am Notwendigsten brauchen. Oft haben wir davon nicht die geringste Ahnung. Wird nicht allzu leicht der »Engel«, der von Gott ausging, um uns eine Heilsbotschaft oder ein Gnadengeschenk zu überbringen, durch widergöttliche Kräfte aufgehalten, die von uns selbst durch unsere Ungeduld, Besserwisserei, unseren Geltungsdrang oder mangelnde Demut ins Leben gerufen wurden? Nichts sollte davon abhalten, den Gebetsweg weiterzugehen.

Geduld üben

Was sich eventuell über Jahre hindurch an Negativem im Inneren des Menschen aufgeschichtet hat, braucht wiederum seine entsprechende Zeit, bis es sich im Vorgang der Reinigung, dem ersten Schritt im Ruhegebet, aufgelöst hat. Daher kann die cassianische Gebetsweise nicht ohne Geduld zum Erfolg führen. Ein vorschnelles Eingreifen, Ungeduld oder gar Neugier hemmen jeglichen Fortschritt, der sich durch das Gebet anzeigt.

> Eine Geschichte aus China erzählt: Ein Mann hatte seinen kleinen Acker gut vorbereitet, gepflügt und gesät. Er wunderte sich nur nach ein paar Wochen, dass die Saat so langsam aufging. Bei seinem Nachbarn sah er schon kräftigen grünen Wuchs! Von Tag zu Tag wurde seine Geduld geringer. Er konnte vor Sorge nicht mehr schlafen. Schließlich hatte er eine wahnwitzige Idee. Er lief zu seinem Feld und begann, die kleinen zarten Halme etwas in die Höhe zu ziehen. Das war natürlich eine mühsame Arbeit; aber schließlich war er fertig. Er traf unterwegs seinen Nachbarn und sagte ihm, dass er seinem Korn beim Wachsen geholfen habe. Neugierig geworden, liefen sie zu seinem Feld und sahen alles zerstört und verwelkt. – Und noch lange lachte man im Dorf über den Mann, der nicht warten konnte.[45]

Schweigen

Über sein Gebetswort, wie später noch gezeigt wird, sollte man mit anderen nicht sprechen – es sei denn mit dem geistlichen Begleiter, der es gegeben oder eine Auswahl vorgelegt hat, aus der eines gewählt wurde. Zunächst spricht der Betende es nur innerlich, bis es sich – wenn die Zeit des Ruhegebetes gekommen ist – ganz von selbst einstellt. Das Gebet gleicht sich immer mehr dem inneren Rhythmus des Menschen an und wächst gleichzeitig in tiefere Schichten hinein. Es dürfte selbstverständlich sein, dass es durch ein

Aussprechen nicht zurück in eine gröbere Ebene geholt werden darf.

Ein Samenkorn, das zur rechten Zeit in den gut vorbereiteten Boden gesenkt wurde, braucht zunächst viel Ruhe, damit es sich entfalten kann: Die Wurzel wächst in den Boden und der Keimling in die Höhe. Das eine Wachstum ist für den Betrachter unsichtbar, das andere braucht viel Zeit und die entsprechenden Bedingungen, bis es sichtbar wird und eines Tages grünt, blüht und Früchte bringt. Würde man das Pflänzchen ausgraben, um nachzuschauen, wie weit es gewachsen ist, würde es sterben. Der Wissende lässt die junge Pflanze im Verborgenen wachsen, bis sie sich von selbst zeigt.

So ist es mit den Erfahrungen im Ruhegebet. Man sollte zunächst über sie schweigen – ausgenommen sind der geistliche Begleiter oder ein geliebter Mensch, der Gott nahe ist, denen restlos alles gesagt werden kann. Vieles, was noch der Ruhe bedarf um zu reifen, bis es sich ganz von selbst offenbart, würde zerstört werden, wenn es an die Öffentlichkeit gezerrt würde.

Wie oft gibt Jesus ein Schweigegebot, nachdem er einen Menschen berührt und geheilt oder ihm ein Geheimnis offenbart hat. Der Geheilte muss lernen, sein Leben selbst wieder in die Hand zu nehmen. Dazu benötigt er Einübung und Zeit. Er soll schweigen und aus der Heilung keine Sensation machen, denn sonst erlangt er nur die äußere Heilung und nicht das Heil. Zum inneren Menschen und zu dem, was Christus wahrhaft in ihm bewirkt hat, muss der Geheilte erst langsam durch Stille reifen. Durch diese Verinnerlichung wird ihm erst allmählich aufgehen und eingehen, wer Jesus in Wahrheit ist, und von hier aus wird die heilende Verwandlung seiner Seele einsetzen.[46]

Als Jesus von dem Berg herabstieg, folgten ihm viele Menschen. Da kam ein Aussätziger, fiel vor ihm nieder und sagte: Herr, wenn du willst, kannst du machen, dass ich rein werde. Jesus streckte die Hand aus, berührte ihn und sagte: Ich will es – werde rein! Im gleichen Augenblick wurde der Aussätzige rein. Jesus aber sagte zu ihm: Nimm dich in Acht! Erzähl niemand davon, sondern geh, zeig dich dem Priester und bring das Opfer dar, das Mose angeordnet hat. Das soll für sie ein Beweis (deiner Heilung) sein. *Matthäus 8,1–4.*[47]

Das Leben verbessern

Die Auswirkungen des Betens können unterstützt und wesentlich intensiviert werden, wenn der Betende in seinem aktiven Leben versucht, all das zu verbessern, von dem er glaubt, dass es noch unvollkommen sei. Hierzu gehören: Nächstenliebe, Demut, Bescheidenheit, Aufrichtigkeit, Barmherzigkeit, Lebenswahrhaftigkeit, Ausdauer, Gelassenheit, Genügsamkeit …

Häufiger beten

Beten und Arbeiten, Ruhephasen und Aktivitäten sollten in einem ausgewogenen Wechsel stehen. Wie durch blinde Arbeitswut ein Mensch seine eigene Mitte verliert und wie jegliche Ruhe im Gebet verloren geht, wurde bereits erwähnt. Aber auch das andere Extrem kommt häufig vor: Jemand vernachlässigt vor lauter Spiritualität seine alltäglichen Pflichten.

Sieht sich jedoch ein Mensch besonderen momentanen Belastungen ausgesetzt, dann sollte er häufiger beten als er es gewöhnlich tut. Übt er zum Beispiel das Ruhegebet zweimal täglich je 30 Minuten, ist es ratsam, sich ein drittes Mal zum Gebet zurückzuziehen. Oder auch unmittelbar vor einem außergewöhnlichen Ereignis sollte man den Herrn wiederholt anrufen und um sein Erbarmen bitten. Zu diesen besonderen belastenden Lebenssituationen gehören: wichtige Entscheidungen, die sowohl das persönliche als auch das berufliche Leben verändern, Prüfungen, Gerichtsverhandlungen, ärztliche Untersuchungen, Warten auf eine Diagnose, Operationen, Krankheiten, Krisen im menschlichen Miteinander, Arbeitslosigkeit, momentane Überforderung …

Weniger ist mehr

Eine Reflexion über das eigene Verhalten, besonders über das Fehlverhalten, über die Worte, die man zu anderen gesprochen und über die Gefühle, die man zugelassen oder verdrängt hat, ist bei jedem Menschen unabdingbar. Diese Reflexion und die vielleicht damit verbundene Gewissenserforschung sollten jedoch nicht allzu viel Zeit in Anspruch nehmen. Und besonders nach dem Empfang der Sakramente darf nicht bereits Vergebenes immer wieder grübelnd und zweifelnd bedacht werden. Das Ruhegebet bietet eine große Hilfe, loszulassen und sich nicht ständig mit sich selbst zu befassen. Der Betende geht bedenkenlos, vertrauend auf die Barmherzigkeit Gottes, so wie er ist – mit allen seinen Fehlern, Schatten und Unfertigkeiten – in das Ruhegebet und übt, durch ein Loslassen und ohne viele Worte zu machen, sich selbst Gott hinzugeben.

> Vermeidet in eurem Gebete viele Worte. Ein einziges Wort genügte, um dem Zöllner und dem verlorenen Sohne die göttliche Verzeihung zu schenken. Stellt keine langen Überlegungen in eurem Gebete an. Wie oft rührt den Vater das einfache und immer wiederholte Stammeln des unmündigen Kindes. Lasst euch deshalb nicht auf lange Gedankengänge ein, damit ihr euren Geist nicht mit dem Suchen nach Worten zerstreut. Ein Wort des Zöllners hat die Barmherzigkeit Gottes getroffen. Ein Wort voll des Glaubens hat den Schächer am Kreuze gerettet. Gedankenfülle im Gebet erzeugt Bildfülle und lässt den Geist zerfließen, während oft ein immer wiederholtes Wort den Geist sammelt.[48]

Im Ruhegebet wird der subjektiven Befindlichkeit keine Beachtung geschenkt. Der Betende würde sich ja sonst an sich selbst festhalten und damit verhindern, in tiefere Schichten seiner Seele und damit zu Gott geführt zu werden. Cassian empfiehlt, einfach »zudringlich« zu sein. Und dazu ist jeder in der Lage.

Voll Vertrauen

Der Betende selbst darf, indem er Gott, dem Schöpfer des Himmels und der Erde, alles zutraut, zu Gott ein unendliches Vertrauen haben. Im Nachtgebet der Kirche, der Komplet, betet er: »In deine Hände leg' ich voll Vertrauen meinen Geist.« Diese restlose vertrauensvolle Hingabe wird durch das Ruhegebet eingeübt. Es ist die Haltung Jesu, die er sterbend am Kreuz seinem Vater gegenüber ausdrückte: »Vater, in deine

Hände lege ich meinen Geist« (Lukas 23,46). Jesu Leben, Leiden und Sterben war die Erfüllung eines sich langsam vollendenden Gebetes. Jesus war erfüllt von der Gewissheit, dass bei Gott, seinem Vater, das Leben auf ihn wartete. Mit diesem letzten Wort, das Jesus im Lukasevangelium spricht, wendet er sich voll Vertrauen und in Hingabe an seinen Vater. Die Worte Jesu – sie sind der sechste Vers von Psalm 31 – gehören zum Abendgebet der Juden und werden ebenso von der christlichen Kirche gebetet. Da der Schlaf als Vorstufe des Sterbens gilt, kommen die volle Geborgenheit und das unendliche Vertrauen in diesem Gebet zum Ausdruck. Wahrscheinlich hat Jesus dieses Abendgebet seit seiner Kindheit gesprochen und damit vertrauensvolle Hingabe eingeübt, sodass er aus Erfahrung wusste, dass in Gottes Händen und in seiner Vatergüte die Seele geborgen ist.

Herr Jesus Christus,
du hast dich ganz dem Vater anvertraut.
Immer wieder hast du in deinem Leben
deinen Geist in seine Hände gelegt –
bis du durch den Tod
in seine Herrlichkeit aufgenommen wurdest.
Zeige auch mir den Weg der Hingabe,
damit ich dir ähnlich werde
und der Wille des Vaters an mir geschehe.
Führe mich nicht in Versuchung,
sondern erlöse mich von dem Bösen.
Denn dein ist das Reich und die Kraft
und die Herrlichkeit. Amen.

- Damit dein Vertrauen auf den Herrn steht, lehre ich dich heute seinen Weg. *Sprichwörter 22,19*
- Nur in Umkehr und Ruhe liegt eure Rettung, nur Stille und Vertrauen verleihen euch Kraft. *Jesaja 30,15a*
- Wir haben durch Christus so großes Vertrauen zu Gott. *2 Korinther 3,4*
- Mein Gott, mein Fels, bei dem ich mich berge, mein Schild und sicheres Heil, meine Feste, meine Zuflucht, mein Helfer. *2 Samuel 22,3*

Kann der Betende an dieser Zusage noch zweifeln oder irgendein Misstrauen hegen? Aus dem Wissen, dass durch das Gebet nur Gutes geschieht, sollte er Vertrauen schöpfen und sich bejahend, unbedarft, ja, kindlich, ohne etwas zu erwarten im Gebet in die Hände Gottes fallen lassen.

Frage und Antwort zu diesem Kapitel:

Warum wird ein so großer Wert auf die Einhaltung der Gebetszeit gelegt? Nur bei besonders belastenden Anlässen sollte zusätzlich ein drittes Mal in der gewohnten Zeit gebetet werden. Wenn aus dem Ruhegebet ein immerwährendes Gebet werden soll: Warum könnte es dann nicht, um schneller Fortschritte zu machen, häufiger gebetet werden?

Die erste Phase, die durch das Ruhegebet verstärkt ausgelöst wird, ist die der Reinigung sowohl des Nervensystems als auch der Innerlichkeit. Tiefe Ruhe – das ist ein allgemein gültiges Prinzip – löst Spannungen, die aus Verkrampfungen,

Unsicherheit, Angst, Überforderungen, Einseitigkeit und Fehlverhalten entstanden sind. Das Ruhegebet spricht den Menschen ganzheitlich an, das bedeutet, körperlich, geistig und seelisch. Der Heilungsprozess setzt zunächst speziell dort ein, wo der Betende einer Entspannung oder einem Frei-werden von Ungutem in besonderer Weise und am nötigsten bedarf. Erfahren nun Körper, Geist und Seele auf einmal zu viel Ruhe, lösen sich zu viel Verkrampfungen oder Schatten im Menschen, die ihn vorübergehend unfrei machen oder gar verwirren können. Man sagt, dass genauso viel Zeit zur Reinigung von etwas Ungutem benötigt wird, wie sie seiner-zeit zur Ablagerung aufgewandt wurde. Ein bewusstes Be-schleunigen dieses Vorgangs machen sowohl der Körper als auch die Psyche nicht mit. Doch leider gibt es immer wieder Menschen, die dem Rat zur Maßhaltung im Ruhegebet nicht folgen. Da es ihnen in Folge der Übertreibung schlecht geht,[49] geben sie diese wunderbare Gebetsweise auf.

15. Kapitel

»Geh in deine Kammer, wenn du betest«

Vor allem sollten wir jenes Gebot des Evangeliums liebevoll beachten, nach dem wir uns beim Beten in unsere Kammer zurückziehen, die Tür schließen und unseren Vater anru-fen. Diese konkrete Anweisung gibt uns Jesus mit folgenden Worten: »Du aber geh in deine Kammer,[50] wenn du betest, und schließ die Tür zu; dann bete zu deinem Vater, der im Verborgenen ist. Dein Vater, der auch das Verborgene sieht, wird es dir vergelten« (Matthäus 6,6). Dieser Weisung kön-nen wir wie folgt nachkommen:

- In unserer »Kammer« beten wir, wenn wir unser Herz von allem Lärm der Gedanken und Sorgen gänzlich fernhalten und unser Gebet in heimlicher Vertrautheit vor Gott ausbreiten.
- Bei »geschlossener Tür« beten wir, wenn wir mit geschlossenen Lippen in tiefer Ruhe und völligem Schweigen[51] zu dem flehen, der nicht die Stimme, sondern das Herz[52] erforscht.
- »Im Verborgenen« beten wir, wenn wir über die tiefe Innerlichkeit, dem Herzen, Kontakt allein mit Gott aufnehmen. In dieser inneren Verborgenheit gelingt es den feindlichen Mächten nicht mehr, uns als Betende zu erkennen.

Deshalb sollten wir im tiefsten verinnerlichten Schweigen[53] beten – nicht nur, damit wir die Anwesenden durch unser Sprechen und Flüstern nicht stören und die Betenden nicht ablenken, sondern damit gerade unseren Feinden, die uns besonders beim Beten auflauern, das Geheimnis unseres Betens verborgen bleibt.

Jesus stellt in der Bergpredigt das heuchlerische vor den Menschen geübte Beten dem Beten im Geiste wahrer Gerechtigkeit gegenüber. Im Gebet wendet sich der Betende seinem Ursprung zu. Bleibt er jedoch in unguten Ich-Strukturen hängen wie Eitelkeit, Selbstgefälligkeit und Geltungsdrang, führt sein Gebetsweg nicht weit. Die Ausrichtung auf Gott wird verfehlt, da der Betende nur sich selbst im Blick hat. Anstatt Gott zu suchen, sucht er sich selbst. Jesus weist zum rechten Beten einen sicheren Weg, der keine Umwege zulässt und vor Selbsttäuschung und Eitelkeit bewahrt: »Du aber geh in deine Kammer, wenn du betest, und schließ die Tür zu.« Dorthin kann kein menschliches Auge blicken und somit sieht kein Mensch, ob jemand betet oder nicht. Indem der Betende sich, ohne aufzufallen, nach innen wendet, zeigt er, dass es ihm einzig und allein um Gott geht. Gott kann selbstverständlich überall gefunden werden, doch ist es wichtig, erst einmal im Verborgenen das wahre Beten zu erlernen, um dann später einmal draußen, im Getriebe des Alltags, ständig im Gebet bleiben zu können. »Wer seine wirkliche Religiosität finden und leben will, gibt alles ab, was nicht zu seinem Wesen gehört. Er hält inne und geht – bildlich gesprochen – in seine ›Kammer‹, wo ›alle Schätze der Weisheit und Erkenntnis verborgen‹ (Kolosser 2,3) sind.«[54]

> ♦ Er (Elischa) ging in das Gemach, schloss die Tür hinter sich und dem Kind und betete zum Herrn. *2 Könige 4,33*
> ♦ Auf mein Volk, geh in deine Kammern und verschließ die Tür hinter dir! Verbirg dich für kurze Zeit, bis der Zorn vergangen ist. *Jesaja 26,20*

Für die Zeit des Betens hat sich der Betende von der Außenwelt zurückgezogen und jede bewusst gesteuerte Wahrnehmung, Betrachtung und Erwägung aufgegeben.

♦ Damit er auf dem Weg in die Innerlichkeit, in das Verborgene, nicht durch die Sinneswahrnehmung abgelenkt wird, hat er förmlich jede »Tür« nach außen verschlossen.

♦ Damit sich seinem Inneren, das im Gebet zur Ruhe kommen möchte, keine neu geweckten Vorstellungen und Bilder mehr aufdrängen, gibt er jede Eigeninitiative auf.

♦ Damit sich auch seinem Geist, der ebenso die im Verborgenen beheimatete Ruhe in Gott sucht, keine neuen Spuren einprägen, unterlässt er alles aktive Denken, das nichts mit dem Beten zu tun hat.

Jetzt ist das Gebet zu einem wesentlichen geworden, denn der Zugang zum Vater im Verborgenen ist nicht mehr durch eigene Barrieren verstellt.

> Jesus antwortete ihm: Wenn jemand mich liebt, wird er an meinem Wort festhalten; mein Vater wird ihn lieben, und wir werden zu ihm kommen und bei ihm wohnen. *Johannes 14,23*

Wenn wir also diese Voraussetzungen zum Beten erfüllen und »die Tür unserer Kammer« schließen, werden sich die Türen zu Gott in unserem Inneren öffnen, nicht nur zum gerechten Gott, unserem Vater, sondern auch zu seinem eingeborenen Sohn Jesus Christus, der im Heiligen Geist im Verborgenen von uns ebenso zugegen ist. Die uns noch »verborgenen Schätze der Weisheit und Erkenntnis« werden uns durch ein solches Beten offenbar und zugänglich gemacht. Die Worte Jesu über das Gebet sind immer aktuell, sie können niemals altern. »Zieh dich in dich selbst zurück, in dein Inneres, in dein eigenes Herz, und lass jede Störung draußen.« Wesentlich ist dann als Erstes die ganzherzige und ungeteilte Ausrichtung auf Gott. Für Jesus gilt im Gebet ein einziges Wort des Vertrauens und der Hingabe, wenn es aus dem Herzen kommt, weitaus mehr als alle Psalmen.

> Diejenigen, die danach streben, geistig im Herzen enthaltsam zu sein, besonders wenn sie am Anfang stehen, aber auch jene, die in diesem hochseligen Tun erfahren sind, sollen vor allem bei genau festgesetzter Zeit des Gebetes sich dazu in eine stille und dunkle Ecke setzen. Dies lehren und empfehlen auch unsere heiligen Väter

und Lehrer, die in diesem überaus beglückenden Tun erfahren sind. Denn der ganze Sehkreis unserer Augen und das Hinschauen auf das von Natur Sichtbare und Betrachtbare ist geeignet, den Geist zu zerteilen und zu spalten, ja sogar ihn zu zerstreuen und zum Umherschweifen zu bringen. Wir müssen ihn deshalb in eine stille und dunkle Zelle einschließen, damit er aufhört, durch Anblick und Betrachtung gespalten und zerstreut zu sein. So wird der Geist wohl oder übel teilweise still werden und sich in sich selbst sammeln.[55]

»Wie man sagt, verrichten die Brüder in Ägypten zwar häufig Gebete, aber sie sollen ganz kurz, gleichsam Pfeilgebete sein, damit nicht die sorgfältig erweckte Herzensandacht, die dem Beter vorzüglich notwendig ist, durch zu lange Dauer dahinschwinde und ihre Kraft verliere. Auch zeigen sie uns dadurch, dass man diese Herzensandacht ebenso wenig abstumpfen lassen darf, wenn sie nicht auszudauern vermag.«[56] Wie ein Pfeil, der auf dem Bogen erst einmal in die Gegenrichtung gezogen wird, um noch größere Kraft zu gewinnen, so führt der Gebetsweg zunächst nach innen. Der Betende taucht immer mehr in die Tiefe seiner Seele ein und richtet sich von hier ganz auf Gott aus. Ein Hinweis aus der »Kunst des Bogenschießens« unterstreicht den Rückzug, damit das Ziel umso sicherer und schneller erreicht wird.

Ist sie (die Bogensehne) so weit ausgezogen, wie es der Bogen zulässt, dann schließt er sich in das »All« ein, fügte der Meister erläuternd hinzu, und eben deshalb ist es wichtig, das rechte Spannen zu erlernen.[57]

Die Spannweite ist so groß, dass der beinahe einen Meter lange Pfeil mit seiner Spitze nur wenig über den äußeren Bogenrand hinausragt. Durch den gewaltigen Zug der Sehne, die freigegeben wird, wird der Pfeil aus seiner Lage gerissen und gestreckt, die Sehne schwirrt und der Pfeil schnellt los.

In der siebten Gebetsweise des Dominikus ist der Heilige mit nach oben gestreckten Armen abgebildet. Ein Textauszug aus dieser Miniatur aus dem Jahr 1330 lautet:

> Oft sah man Dominikus beim Gebet, wie er sich in seiner ganzen Größe zum Himmel streckte – wie ein Pfeil, der von einem gespannten Bogen geradewegs in die Höhe schnellt. Dabei hatte er seine Hände über den Kopf erhoben und die Arme ganz ausgestreckt. Die Hände berührten einander. Manchmal waren sie ein wenig geöffnet, so als wollten sie etwas vom Himmel in Empfang nehmen.
>
> Man glaubte, dass ihm in diesen Augenblicken die Gnade noch stärker zuteil wurde … In solchen Momenten schien der heilige Vater wie ins Allerheiligste und in den dritten Himmel entrückt. Hatte er so gebetet, dann handelte er wie ein wahrer Prophet, sei es, wenn er jemanden zurechtweisen musste, Anordnungen traf oder predigte. Der heilige Vater verbrachte immer nur kurze Zeit in dieser Gebetshaltung. Dann kehrte er wieder zu sich selbst zurück und machte den Eindruck, als käme er von einer langen Reise. Er glich einem Pilger, was man leicht an seinem Aussehen und seinem Verhalten ablesen konnte.[58]

III.
Anleitung zum Ruhegebet

1. Kapitel
Habe keine Vorstellungen
und Erwartungen

Das Ziel des Ruhegebetes besteht darin, keine Vorstellungen
– in besonderer Weise keine Vorstellung von Gott – und keine
Gedanken mehr zu haben, wenn Geist und Seele durch die
strenge Armut eines einzigen Gebetsverses in eine immer
tiefer werdende Ruhe versetzt werden.

> Wenn du betest, sollst du dir weder eine Vorstellung
> von der in dir wohnenden Gottheit machen noch darfst
> du es zulassen, dass dein Geist von irgendeiner Form
> beeindruckt wird. Verhalte dich vor dem Unstofflichen
> als Unstofflicher, und du wirst verstehen. Sei auf der
> Hut, indem du zur Zeit des Gebetes deinen Geist von
> jeder Vorstellung frei hältst, damit er in der eigenen
> Ruhe (seiner ursprünglichen Natur) beharre. Dann
> wird der, der mit den Unwissenden Mitleid empfindet,
> auch über dich kommen, und du wirst eine wunder-
> bare Gabe des Gebetes erhalten.[59]

Im Sinne von Cassian bedeutet Beten, alles aufzugeben: Gedanken, Vorstellungen, den eigenen Willen ... Freude am Ein-

fach-Dasein wird im Gebet erlebt. Wenn aller Besitz aufgegeben und alles – selbst die Vorstellung von Gott – losgelassen wird, dann steht der Betende in absoluter Einfachheit vor Gott. Diese Gotteserfahrung führt zu einer Aufhebung der Grenzen. Die Seele kommt in den Zustand der Hesychia, wie die Wüstenväter ihn nennen, in einen Zustand ständiger Ruhe.

> Der Altvater Johannes lehrte: Ein Ziel des Ruhegebetes besteht darin, Gott ein reines Gebet zu opfern, ein Gebet, das nicht ständig von Gedanken und Vorstellungen durchkreuzt wird. Wenn wir also immer wieder unbelastet und befreit vor Gott stehen, dann können wir auch – soweit das für Menschen überhaupt möglich ist, Gott sehen: zwar nicht mit den leiblichen Augen, doch mit den Augen der Seele. Niemand glaube, dass er das Wesen der Gottheit anschauen oder sich ein Bild, das einem körperlichen Bild ähnlich ist, machen könne. Gott kann man weder denken noch sich ein Bild von ihm machen. Gott ist ein Wesen, das unsere Seele berührt; man kann dieses Geschehen jedoch nicht fassen und nicht beschreiben. Durch die Armut des Ruhegebetes, das heißt ohne Eigenes zu denken, öffnen wir das innere Auge, das sich von selbst auf ihn ausrichtet. Dabei muss unser Wille ganz aufgegeben und somit unser Herz rein sein. »Seid still und schauet, denn ich bin Gott.« Durch das Ruhegebet wird unser Herz rein, und je reiner das Herz ist, umso mehr wird uns Gott offenbaren und seine Geheimnisse enthüllen.

Auf diesem Weg zu einer tiefen Verbundenheit mit Gott hindern vor allem eine festgelegte Vorstellung von Gott und die vielen Gedanken, die oft nicht in unserer Macht stehen.

Die Praxis des Ruhegebetes kann nur erfolgreich sein, wenn alle Vorstellungen von Gott wie auch alle Gedanken aufgegeben werden. Die Gefahr, dass Menschen sich ihren eigenen Gott mehr oder weniger zurechtschneidern – sei es, dass sie ein festes Bild übernommen oder sich infolge ihrer Lebensgeschichte ein individuelles von Gott gemacht haben – besteht immer und zu jeder Zeit, im Gebet oder außerhalb des Gebetes. Im Ruhegebet hat auch die leiseste Vorstellung von Gott keinen Platz mehr, denn es erfolgt in jeglicher Hinsicht nur dann Entgrenzung auf Gott, wenn der Betende bereit ist, alles loszulassen und aufzugeben. In dieser Armut, die Jesus in der Bergpredigt seligpreist, schenkt sich dem Betenden Gottes Entgegenkommen und seine Liebe, die alle Sünden vergibt und einen wunderbaren Neuanfang ermöglicht.

Erfahrungsberichte aus christlicher Frühzeit bis in unsere Gegenwart bestätigen dies: Wenn im Ruhegebet Gott nicht vorgestellt und ein Gedanke, der kommt, bewusst nicht weiter gedacht wird, treten Verwandlung und innere Erfüllung schneller und tiefgreifender ein als bei nur bloßer Betrachtung. Innerhalb des Ruhegebetes hat jegliche Vorstellung von Gott keinen Platz, da sonst der Betende Gefahr läuft, in eine Sackgasse zu geraten.

Viele Kirchenväter lehnen auch außerhalb des Gebets eine Vorstellung von Gott ab, besonders wenn diese menschliche Züge aufweist. Durch die Menschwerdung Gottes jedoch kommt Gott uns in menschlicher Gestalt entgegen – ein Akt unendlicher Liebe, den es in keiner anderen Religion der Welt gibt. Wie auch der historische Jesus nimmt Christus menschliche Züge an, die uns den Weg zum Vater erleichtern. Bei allem Respekt vor dem Ruhegebet und jeglicher damit verbundenen Negierung eines Gottesbildes braucht der Christ außerhalb des Ruhegebets durchaus leibhaftige Bilder und

Vorstellungen des dreieinigen Gottes: des Vaters und des Sohnes und des Heiligen Geistes. Nur in einem gesunden Wechsel zwischen tiefer Ruhe, dem bildlosen Schweigen vor Gott, und kreativer Aktivität mit all seinen Vorstellungen und Ausfächerungen kann Leben und damit auch Glauben wachsen.

2. Kapitel
Geheimnis des Glaubens

Auf dem Weg des Ruhegebetes schenkt sich dem Betenden mit zunehmender Reinheit des Herzens – und das bedeutet ebenso die Reinheit der Seele – eine ganzheitliche Erfahrung. Der Herr, der Menschengestalt annahm, in allem uns gleich, außer der Sünde, nimmt ihn mit hinein in das Geheimnis des Glaubens: in den Tod und die Auferstehung.

Das Sterben und der Tod entsprechen im Ruhegebet dem Loslassen und Abgeben von allem, der Gottesvorstellung, der Gedanken, der Gefühle, der Bilder, der Erwartungen, ja, letztlich aller Ich-Strukturen. Durch dieses »Sterben« bereitet der Betende dem Entgegenkommen des Herrn den Weg, um durch, mit und in ihm aufzuerstehen. Der vorübergehende Tod des eigenen Ego und gleichzeitig aller irdischen und materiellen Dinge währt nur eine kurze Zeit. Der Herr nimmt dieses Opfer an und schenkt es dem Betenden auf individuelle Weise zurück. Er nimmt ihn mit in seine Auferstehung und sendet ihn nach dieser Begegnung – sie wird vom Betenden oftmals nicht bewusst wahrgenommen – hinaus in das aktive Leben. Zutiefst bereichert, nicht durch eigenes Wollen oder eigene Leistung, wird der Wunsch wach, Geschenktes in die Tat umzusetzen, Lebens- und Glaubensimpulse zu verwirklichen und vor allem, die empfangenen Gaben weiterzuschenken. Durch die leibhaftige und seelische Erfahrung des Geheimnisses des Glaubens offenbart sich die Wahrheit der Schrift nicht nur auf neue, sondern auch auf wunderbare Weise.

Vielen Menschen jedoch fällt das Loslassen – es ist der erste Schritt im Ruhegebet – äußerst schwer, und sie müssen es zusammen mit ihrem geistlichen Begleiter langsam einüben, bis es zu einem Sterben mit Christus wird, um mit ihm zusammen aufzuerstehen. Diese letzte Lebenswahrhaftigkeit – die Sehnsucht aller – findet nicht durch eigenes Tun Erfüllung, sondern durch ein Loslassen auf Gott hin und mit ihm. Dem Tod in der ersten Dimension tritt die Auferstehung und das ewige Leben in der anderen Dimension gegenüber. Im »Totsein für die Welt« erfährt der Betende nach dem Prozess der Befreiung von der Dunkelheit das Licht ewigen Lebens, das ihn zur Einigung mit Gott führt.

Eine wesentliche Voraussetzung für das Ruhegebet, das den Betenden eine Entgrenzung von Jesus in Menschengestalt zum verherrlichten Christus erfahren lässt, ist der Rückzug in die Stille. In der Zurückgezogenheit durften Mose und Elija Gott begegnen. Petrus, Jakobus und Johannes sahen auf dem Berg der Verklärung, abseits der »Städte«, ihren Herrn in der Herrlichkeit der Auferstehung. Immer wieder zog sich Jesus zum Beten in die Einsamkeit zurück. Um seinen Auftrag in dieser Welt auszuführen und zu vollenden, benötigte er die Verbundenheit mit dem Vater. Cassian greift das Beispiel der Abgeschiedenheit Jesu beim Gebet auf und macht diese zur Voraussetzung für das Ruhegebet. Er ermutigt den Betenden, mit seinem ganzen Wesen und Sein sich Gott im Gebet hinzugeben, um bereits im Hier und Jetzt die Nähe Gottes intensiver wahrzunehmen. Der verheißene

Zustand der Seligkeit, in dem Gott alles in allem ist,[60] kann vom Betenden – zumindest ansatzweise – erfahren werden.

Fragen und Antworten zu diesem Kapitel:

1. Ist es unbedingt notwendig, sich zum Ruhegebet zu einer bestimmten Zeit in die Stille zurückzuziehen? Der oft raue und fordernde Alltag lässt das nicht immer zu. Einem Zwang soll und darf der Betende sich ja unter keinen Umständen aussetzen. Ist das Ruhegebet dann zu unterlassen?

Auf keinen Fall sollte auf das Ruhegebet verzichtet werden. Für den Anfänger ist es besonders ratsam, in Zurückgezogenheit und an einem ruhigen Ort zu beten. Die äußere Stille fördert das Zur-Ruhe-Kommen und unterstützt den Weg in das innere Schweigen. Ist es jedoch nicht möglich, eine solche Gegebenheit wahrzunehmen, sollte aber trotzdem das Ruhegebet gebetet werden. Eine eventuelle äußere Unruhe wird dann zu einer Anfrage, wie weit der Betende auch unter diesen Umständen fähig ist, seinen Weg nach innen im Schweigen zu gehen. Einem im Ruhegebet Fortgeschrittenen fällt dieses leichter, da er bereits durch häufiges Üben die innere Ruhe stabilisiert hat und somit stärker in sich ruht. Die Frage, wo und zu welcher Zeit gebetet wird, sollte jeder seinen Pflichten und Lebensgewohnheiten entsprechend individuell beantworten. Die Empfehlung lautet: zweimal am Tag, morgens und abends, an einem möglichst ungestörten Ort. Eine Mutter wird zum Beispiel die beste Zeit finden, wenn die Familie aus dem Haus ist, das heißt die Kinder zur Schule und der Mann zur Arbeit gegangen sind. Jeder Ort kann dazu dienen, das Ruhegebet aufzunehmen. Eine Kirche oder ein sakraler Raum bietet natürlich eine hervorragende Möglichkeit – eventuell vor oder nach einem Gottesdienst. Wenn man unter freiem Himmel betet, sollte man sich nicht der prallen Sonne aussetzen, sondern Schatten suchen. Das Ruhegebet senkt die Stoffwechselrate, die Wärme und das Licht dagegen regen sie an.

Im Auto, als Beifahrer, im Zug, Flugzeug oder auf dem Schiff sollte auf keinen Fall das Ruhegebet geübt werden. Die innere Ruhe spiegelt sich selbstverständlich auch körperlich wider, indem sich Muskeln und Nerven entspannen. Wird durch Bremsen, ein Luftloch oder Wellengang das Fahrzeug einem Stoß ausgesetzt, so überträgt sich dieser spontan auf den tief entspannten Körper und versetzt ihm einen Schock, der – wie schmerzliche Erfahrungen zeigen[61] – unter Umständen sehr verheerende Folgen nach sich ziehen kann. Durch das Ruhegebet werden gleichermaßen Körper, Geist und Seele angesprochen. Die Unfälle zeigen, wie tief greifend die Wirkung ist. Es sollte daher mit dieser Gebetsweise niemals fahrlässig umgegangen werden.

2. *Bei Unwohlsein und während einer Krankheit fehlt die Motivation zum Ruhegebet. Soll man es dann unterlassen?*

Eine weise Einsiedlerin hatte es sich zur Aufgabe gemacht, Menschen zum Ruhegebet zu führen. In Gesprächen mit ihr betonte sie immer wieder, dass es letztlich keine Ausreden gäbe, das Gebet zu vernachlässigen. Sie sagte: »Es ist gut, durch das Ruhegebet die Ruhe des Herzens zu pflegen. Ein besonnener Mensch nämlich übt die Herzensruhe. Wenn der Vorsatz da ist, das Ruhegebet aufzunehmen, kommt sofort der Böse und beschwert die Seele. Unmut, Kleinmut, Zweifel und viele Gedanken können sich nur allzu leicht einstellen.

Die dunkle Kraft macht sich auch im Körper durch Schwächlichkeit und Anfälligkeit bemerkbar. Die gesunde Spannkraft lässt nach und Schlaffheit tritt an ihre Stelle. Die Kraft der Seele und des Leibes wird geschwächt. ›Weil ich krank bin, kann ich das Ruhegebet nicht üben. Ein Frösteln und Fieber wird mich überkommen, wenn ich nicht aufpasse, denn ich habe bereits starke Kopfschmerzen. Doch trotz allem will ich mich erst einmal aufraffen zum Ruhegebet.‹‹ Mit diesem Vorhaben vergaß der Unsichere sich selbst und seine Leiden. Er empfing tiefe Ruhe und heilende Kräfte. Als er das Ruhegebet beendet hatte, hörten die Kopfschmerzen auf, und auch das befürchtete Fieber blieb aus. Es gibt eigentlich keine Ausreden, um das Ruhegebet nicht zu üben. Wirkliche und einsehbare Gründe sind selten. Der Gedanke, der davon abhalten will, wird ganz einfach durch das Praktizieren des Ruhegebetes überwunden.[62]

3. Kapitel
Annäherung an das Ruhegebet und letzte Fragen

Ohne eine konkrete Gebetsmethode geschieht es, dass unser unwissender und von Schwierigkeiten immer wieder gehinderter Geist umherirrt und ungelenkt hin- und hergeworfen wird. Nicht einmal das Geistliche, was ihm durch Zufall ohne eigenes Dazutun geschenkt wird, kann unser Geist lange festhalten. Und indem unser Geist den einen Gedanken hier, den anderen dort aufgreift, bemerkt er weder ihr anfängliches Auftreten noch ihr schließliches Verschwinden. Er spürt nicht, was ihm wirklich begegnet oder was ihm entgleitet.

Kein Uneingeweihter, kein Kind im Säuglingsalter soll sich unterstehen, vorzeitig diese verbotenen Dinge zu berühren. Schon die heiligen Väter haben die Tollheit jener gerügt, welche die Dinge suchen, ehe es Zeit ist, und die versuchen, ohne das erforderliche Rüstzeug in den Hafen der Unbeweglichkeit (apatheia) einzudringen. Wer die Buchstaben nicht kennt, ist unfähig, einen Text zu entziffern.[63]

Wisst ihr, wie das zugeht, wenn junge Adler das Fliegen lernen? Leute, die sich im Gebirge Sinai auskennen, haben dies anschaulich geschildert. Der Adlerhorst, das Nest, in dem die Jungen aufgewachsen sind, befindet sich hoch oben auf einer Felsenklippe, über einem tiefen Abgrund. Wenn die Jungen so weit sind, dass sie »flügge« werden sollten, werden sie vom alten Adler aus dem Nest gejagt. Die Jungen piepsen und sträuben sich; sie können ja noch nicht fliegen. Aber der alte Adler lässt nicht locker. Und plötzlich packt er das erste der Jungen mit seinen Krallen, fliegt über den Abgrund und lässt es fallen. Das Junge zappelt mit den Flügeln und versucht zu fliegen; aber es gelingt nicht, und es stürzt, und immer schneller fällt der hilflose kleine Vogel in den Abgrund. Der Zuschauer denkt schon: bald muss es am Boden zerschellen. Plötzlich schießt der alte Adler, der ruhig seine Kreise gezogen hat, steil nach unten, fängt das Kleine im Fallen auf und trägt es wieder nach oben, und das Spiel beginnt von Neuem, und langsam lernt der junge Adler seine Flügel zu gebrauchen; er kann selber fliegen und mit großen Schwüngen die Luft durchschneiden.[64]

Wir benötigen bestimmte praktische grundlegende Anleitungen, um selbstständig »fliegen« zu können. Im Ruhegebet geht es um etwas, das mit dem Flügelschlag eines Vogels verglichen werden kann, der sich in die Lüfte erhebt. Wenn der Vogel nun die erstrebte Höhe erreicht hat, gleitet er in seinem Flug dahin, um sich in der Luft zu halten. Das ist ein Bild dafür, wie von allem unabhängig, eigenständig und mit welcher Ruhe dieses getragene Beten vor sich gehen sollte oder besser: zugelassen werden sollte.

Das Fundament des Ruhegebetes besteht aus einer einfachen geistlichen Übung, durch die sich der Betende anstrengungslos auf Gott hin ausrichtet und durch die Gott innerlich gegenwärtig wahrgenommen werden kann. Diese Gebetsübung beginnt mit einem kleinen geistlichen Impuls, bis sie von selbst zu schwingen anfängt. Dabei wird das Gebet immer einfacher, zarter, tiefer, wahrhaftiger und hingebender. Der Betende ist, ohne selbst aktiv zu sein, in einer ruhevollen Wachheit ganzheitlich anwesend. Nichts wird auf diesem Weg und in diesem Zustand tiefer Ruhe mehr festgehalten oder sein Eigen genannt.

◆ *Wie kann durch diese Übung die Innerlichkeit des Menschen von der Gegenwart Gottes dauerhaft erfüllt bleiben?*

Das Ruhegebet schafft die bestmögliche Voraussetzung für die bewusst wahrnehmbare Gegenwart Gottes im Menschen. Gott schenkt dem Betenden seine liebende und alles erfüllende Nähe, die der Mensch weder durch Wollen noch durch Üben erreichen kann. Das Ruhegebet reinigt den Weg für das Entgegenkommen Gottes. Selbst wenn das Innewohnen Gottes wahrgenommen wird, sollte dieses Gebet der Ruhe fortgesetzt werden mit dem Wunsch und der Sehnsucht des

Menschen, dass Gottes Gegenwart ihn niemals mehr verlassen möge.

- *Gibt es so etwas wie ein Erinnerungsmittel oder eine Methode, die es erlaubt, Gott im Herzen und im Geist zu empfangen und zu bewahren?*

Das Ruhegebet spricht Gott den Schöpfer oder Jesus Christus, seinen eingeborenen Sohn, mit einfachen sich wiederholenden Worten an. Damit richtet sich der Betende ganz auf Gott aus – sowohl als Erinnerung an das, was seine Liebe getan hat, als auch an das, was seine Liebe ständig neu im menschlichen Herzen und der gesamten Schöpfung bewirkt. Wenn anstatt der ersehnten Ruhe im Gebet die Gedanken überhandnehmen, sodass sich der Betende ganz von ihnen eingenommen fühlt, bedarf er einer Methode, die ihn an Gott erinnert und darüber hinaus ihm die liebende Gegenwart Gottes bewusst macht. Cassian nennt sie, wie im Folgenden gezeigt wird, »formula pietatis«. Alle Unterweisungen über das Ruhegebet und spätere Jesusgebet stimmen in einem sehr wichtigen Punkt überein: Dieses Gebet kann letztlich nicht erlernt werden durch methodische Übung – und sei sie noch so genau und gründlich. Es ist Beten, und dabei muss gleichsam das Ganze des Christlichen der Wurzelboden für dieses Gebet sein. Nur technische Vollkommenheit ist eine Täuschung und kein Beten.

- *Wie kann man zu Gott zurückkehren, wenn man merkt, dass man zerstreut, abgelenkt und im Gebet abgeglitten ist?*

Wenn man in die Zerstreuung und Ablenkung, meist sind es Gedanken, die kommen, involviert ist, merkt man nicht, dass man ja eigentlich betet. Sobald aber die Gedanken oder die Bilder abnehmen, wird man sich der momentanen Situation bewusst. Hier ist es wichtig, nicht den Gedanken und Bildern nachzugehen oder bewusst einen neuen Gedanken aufzunehmen, sondern zum Ruhegebet zurückzukehren und ihm während der Zeit des Betens den Vorrang zu geben. Es erfolgt somit erneut eine Ausrichtung auf Gott und die damit verbundene individuelle Anrufung. Wenn man sich nicht um die aufkommenden Gedanken kümmert – sie einfach vorbeiziehen lässt wie die Wolken vor der Sonne –, wird das Schweigen tiefer, die Ruhe intensiver und der von selbst stattfindende Versenkungsvorgang leicht. Hiermit ist ein Zurückkehren in die Nähe Gottes verbunden. Durch das Ruhegebet und das ihm eigene Nichttun öffnet sich der Betende einer ungeahnten Tiefendimension und lässt geschehen, was geschehen möchte. Auf dieser Ebene des Schweigens erfährt er mehr und mehr die von Gott geheiligte Ruhe des siebten Schöpfungstages.

Darum lasst uns ernsthaft besorgt sein, dass keiner von euch zurückbleibt, solange die Verheißung, in das Land seiner Ruhe zu kommen, noch gilt. Denn wer in das Land seiner Ruhe gekommen ist, der ruht auch selbst von seinen Werken aus, wie Gott von den seinigen. *Hebräer 4,1.10*

♦ *Worin besteht eine einfache erneute Hinwendung zu Gott, ohne mit den Gedanken lange umherzuschweifen und angestrengt zu suchen?*
Das Ruhegebet ist wie ein Fahrzeug, in das der Betende einsteigt, und das ihn sicher auf das Ziel allen Betens hin geleitet. Verlässt er es zwischenzeitlich – bewusst durch das Aufneh-

men einer Aktivität wie Gedanken oder Vorstellungen oder unbewusst, wenn Gedanken, Bilder, Wünsche und Erwartungen von selbst kommen –, dann sollte der Betende, sobald er dieses wahrnimmt, anstrengungslos zum Ruhegebet zurückkehren, das heißt, erneut in das Fahrzeug einsteigen und sich von ihm führen lassen. Da ihm durch Übung das Ruhegebet vertraut ist, geschieht dies alles ohne Umschweife, ohne Aufwand und ohne Anstrengung. Ein erneutes sich Orientieren oder Suchen nach dem Weg ist somit nicht notwendig.

4. Kapitel
Verborgene Türen öffnen sich

Dem wirklich Suchenden[65], der sich bereits tief und liebevoll mit dieser Thematik beschäftigt hat, sind die vielen offenen Fragen ein Herzensanliegen. Nur er könnte überhaupt in der Lage sein, die Inhalte zu verstehen oder diese gar zu ergründen. Ein verantwortungsvolles Umgehen mit dem Leben, sensible Auseinandersetzung und entsprechende Erfahrung sind Voraussetzungen, die Schwelle solcher Lauterkeit zu betreten und an ihre Türen zu klopfen.[66]

Derjenige ist ganz nahe der Erkenntnis, der klar erkennt, worum es wirklich geht, und derjenige ist dem eigentlichen Wissen ganz nahe, der einzusehen beginnt, was ihm an Wissen noch fehlt.

Cassian hat uns lange warten lassen, bis er uns die Türen zum Ruhegebet öffnet. Cassian ist davon überzeugt, dass seine Schüler mit der so kostbar gehüteten Gebetsweise des Ruhegebetes verantwortungsvoll umgehen werden. Ebenso ist ihm bewusst, dass seine Schüler zu lange schon Einengendes und Begrenztes hinnehmen mussten und es jetzt an der Zeit ist, sie Entgrenzung und die Freiheit der Kinder Gottes erfahren zu lassen.

Ein Landwirt fand einmal einen jungen Adler, der sich beim Sturz auf seine Beute im Dornengestrüpp verfangen hatte. Er brachte ihn heim und steckte ihn in den Stall zu den Hühnern, Enten und Gänsen. Er fütterte den Adler, den König der Vögel, wie die Hühner. Nach Jahren erhielt der Landwirt den Besuch eines naturkundigen Mannes. Als sie miteinander über den Hof gingen, sagte er: »Dieser Vogel dort ist kein Huhn, er ist ein Adler!« – »Ja«, sagte der Landwirt, »das stimmt. Aber ich habe ihn zu einem Huhn erzogen. Er ist jetzt kein Adler mehr, sondern ein Huhn, auch wenn seine Flügel drei Meter breit sind.« – »Nein«, sagte der andere, »es ist immer noch ein Adler, denn er hat das Herz eines Adlers. Und das wird ihn hoch hinauffliegen lassen in die Lüfte.« – »Nein, nein«, sagte der Landwirt, »er fühlt sich jetzt wie ein richtiges Huhn und wird niemals wie ein Adler fliegen.« Der naturkundige Mann nahm den Adler, hob ihn in die Höhe und sagte beschwörend: »Du bist ein Adler, du gehörst dem Himmel und nicht dieser Erde: Breite deine Schwingen aus und fliege!« – Der Adler, der auf der hochgestreckten Hand saß, blickte sich um. Er sah die Hühner nach ihren Körnern picken und sprang zu ihnen hinunter. Der Landwirt sagte: »Ich habe dir gesagt, er ist ein Huhn. – »Nein«, sagte der andere, »er ist ein Adler. Ich versuche es morgen noch einmal.« Am nächsten Tag erhob er sich früh, nahm den Adler und brachte ihn hinaus aus dem Dorf an den Fuß eines hohen Berges. Die Sonne stieg gerade auf. Sie vergoldete den Gipfel des Berges. Er hob den Adler hoch und sagte: »Adler, du bist ein Adler. Du gehörst dem Himmel und nicht dieser Erde. Breite deine Schwingen aus und fliege!« Der Adler blickte umher, zitterte, als erfüllte ihn neues Leben – aber er flog nicht. Da ließ der naturkundige Mann ihn direkt in die Sonne schauen. Plötzlich breitete er seine gewaltigen Flügel aus, erhob sich mit dem Schrei eines Adlers, flog höher und höher und kehrte nie wieder zurück.[67]

Die Einübung in das Ruhegebet, wie sie Cassian lehrt, möchte helfen, unser Leben tragfähiger zu gestalten, eine umfassendere Einsicht zu gewinnen und Jesus Christus als das wegweisende Licht bewusst zu erleben. Auf der Ebene unseres Bewusstseins, das sich ins Grenzenlose entfalten möchte, wird uns die Botschaft Jesu neu einleuchten. Wenn wir durch, mit und in ihm diesen Weg gehen, werden unser Herz und unser Verstand von seiner Wahrheit durchdrungen sein.

5. Kapitel

Das Ruhegebet[68] oder
Hesychastische Gebet[69]

Ein Schüler besitzt die Fähigkeit zum Schreiben der Buchstaben erst dann, wenn er die Formen lange genug in sich aufgenommen und täglich geübt hat. Mit der Grammatik vermag er erst dann richtig umzugehen, wenn ihm die Formeln bekannt sind.

Das Gleiche gilt auch für das geistliche Leben und den Unterricht im Gebet. Um das Ruhegebet zu erlernen, wird eine einfache Formel gegeben, die man zunächst lernend ganz in sich aufnimmt. Auf sie lenkt man dann ständig seinen inneren Blick. Durch dieses Üben wird sie mehr und mehr dem Geist zu eigen. Nach dem Erwägen[70] der Gebetsformel[71] wird sie dann nur noch ohne das Hinzutun eigener Gedanken innerlich wiederholt. Dieser Vorgang führt langsam in eine neue Dimension des Seins und damit zu höheren Bewusstseinszuständen.

Das Ruhegebet vermittelt allen, die diese Gebetsweise übten und üben und ständig in Gottes Gegenwart leben möchten, gleich wesentliche Erfahrungen:

- Durch das innerliche Sprechen, das nicht nur in Gedanken geschieht, sondern mehr und mehr mit dem Herzen, nimmt die vielfältige Gedankenaktivität ab.
- Beim Verinnerlichen der Gebetsformel erlebt der Betende, dass er allmählich frei wird von übergroßen persönlichen Belastungen und Sorgen.

Johannes Cassian hat das tiefgründige Wissen um das Ruhegebet als kostbares Gut von einigen Mönchen empfangen, die noch aus der Generation der ersten Wüstenväter am Leben waren.[72] So gibt auch er Kenntnis davon, und zwar denen, die mit einer übergroßen Sehnsucht diesen Weg suchen.[73]

Um in eine ständige Verbindung mit Gott hineinzuwachsen, vertraut uns Cassian die folgende Gebetsformel (formula pietatis) an:

Gott, komm mir zu Hilfe.
Herr, eile mir zu helfen!
Deus, in adjutorium meum intende.
Domine, ad adiuvandum me festina.

Sowohl diese Gebetsanrufung als auch die anderen enthalten
- eine Anrufung Gottes in Situationen seelischer Bedrängnis und Gefahr,
- die Demut eines gläubigen Bekenntnisses,
- Wachheit in Verantwortung und Ehrfurcht,
- die Hilfs- und Erlösungsbedürftigkeit des Menschen,
- das Vertrauen auf Erlösung,
- die Zuversicht, zu jeder Zeit beschützt zu werden, denn wer immer wieder seinen Beschützer anruft, darf sicher sein, dass dieser stets gegenwärtig ist,
- Zuneigung und Liebe,
- das Eingestehen möglicher Gefährdungen und zugleich ein helles Wachsein allem Feindlichen gegenüber,
- das Bekenntnis, sich ohne die Hilfe Gottes nicht von Krankheit und physischem Druck befreien zu können.

Das Ruhegebet ist allen, die unter Anfechtungen zu leiden haben, ein sicherer Schutz, ein undurchdringlicher Panzer und eine unüberwindliche Mauer. Denjenigen, deren Leben sinnentleert ist, die an den Mitteln des Heils zweifeln oder Angst vor der Wirklichkeit haben sowie allen, die unter bedrückender Traurigkeit oder Depressionen[74] leiden, wird ein sicheres Gefühl von Angenommensein geschenkt, wenn sie in der Anrufung Gottes eine der wesentlichsten Grunderfahrungen machen dürfen: letztlich in ihrer Not nicht allein gelassen zu sein. Jedem wird die Gewissheit vermittelt, dass Gott um unsere Schwierigkeiten weiß, stets gegenwärtig ist und uns begleitet.

Durch regelmäßiges Praktizieren des Ruhegebetes wird ein ungutes Zuviel abgebaut: Überheblichkeit schwindet, Erfolgserlebnisse werden richtig eingeordnet, Ausgelassenheit kennt ihre Grenzen und Einbildung löst sich auf. Das Ruhegebet bezeugt, dass der Betende einen glücklichen Zustand ohne Gottes Hilfe nicht bewahren kann. Mit kleinen Gebetsversen fleht er Gott an, nicht nur immer, sondern auch eilig zu helfen.

Aus all diesen Gründen kann man sagen, dass dieses Gebet für jeden, unabhängig davon, welche äußeren oder inneren Voraussetzungen gegeben sind oder in welchen Lebenssituationen er sich befindet, notwendig und von richtungweisender Bedeutung sein kann. Mit der Anrufung bezeugt der Beter, dass er Gott als seinen Helfer und Heiland anerkennt und ständig neu seine Liebe benötigt – sowohl in harten und traurigen Zeiten als auch in Zeiten der Zufriedenheit und des Erfolgs. Aus Tiefen herausgezogen, in der rechten Mitte bewahrt zu bleiben und von ungesunden Höhen wieder auf den lebenswahrhaftigen Grund zurückgeführt zu werden, ist, da der Mensch von Natur aus schwach ist, sein Grundanliegen. Somit ist er in seiner Begrenztheit alle Zeit auf die Hilfe und Barmherzigkeit Gottes angewiesen.

Das Ruhegebet ist also regelmäßig und beständig zu beten: in Zeiten der Belastung zu unserer Befreiung, in glücklichen Zeiten zur Bewahrung dieses Zustandes und damit wir uns nicht überheben. Ja, erwäge diesen Vers in deinem Herzen.[75] Wiege diesen Vers in deinem Herzen, dann wird er dir zum segensreichen Gebet. Mit dem Ruhegebet besitzt du eine Leben unterstützende und wunderbare Kraft, die dich stärkt gegen schädliche Einflüsse jeglicher Art und dich stabilisiert. Durch einen inneren Reinigungsvorgang wirst du von allen Lastern und von dem, was nicht zu dir gehört, befreit. Dieses Gebet führt dich zur Einsicht in himmlische Mysterien und wird dich in einen glühenden Gebetszustand versetzen, den nur Wenige aus Erfahrung kennen.

Die Behutsamkeit, mit der Johannes Cassian vorgeht, um endgültig das Ruhegebet zu offenbaren, erinnert an eine Initiation. Er kündigt eine einfache Gebetsformel an, die man zunächst in sich aufnehmen und mehr und mehr dem Geist zu eigen machen sollte. Da sie sehr einfach und kurz ist, wird man sich nicht lange damit aufhalten, ihren Inhalt zu erfassen oder zu erwägen. Ohne das Hinzutun eigener Gedanken wird dann dieses Gebet ganz sanft innerlich wiederholt. Durch das unangestrengte innerliche Sprechen des Ruhegebetes, das langsam zu einem Gebet des Herzens wird, nimmt von selbst die vielfältige Gedankenaktivität ab. Der andere Hinweis besteht darin, dass der Betende schon gleich zu Anfang spürt, wie sich in ihm – sei es körperlich oder psychisch – aufgestaute Spannungen lösen. Cassian hält sich strikt an die Tradition der Väter, die diesen Weg nicht nur lehrten, sondern ihn aus eigener lebenslanger Erfahrung kannten und immer wieder betonten, dass er auf keinen Fall durch das Verdienst der eigenen Anstrengungen zu gehen ist. Nur wenigen Menschen, so betont Cassian ausdrücklich, gebe er Kenntnis von den tieferen Geheimnissen des Betens. Es sind diejenigen, die die langen Vorbereitungen bis hierher treu mitgemacht und die Prüfungen bestanden haben. Dann endlich vertraut er seinen Schülern, damit sie in eine ständige Verbindung mit Gott hineinwachsen, die Gebetsformeln des Ruhegebetes an.

Aus den kurzen Gebeten spricht die Erlösungsbedürftigkeit des Menschen, der demütig, wach und in Ehrfurcht Gott anruft. Der Betende drückt damit sein Vertrauen und seine Zuversicht, ja, seine Zuneigung und Liebe zu Gott aus. Er bekennt gleichzeitig, dass er ohne Hilfe Gottes nicht weiterkommt und sein Leben unter den göttlichen Schutz stellt. Allen, die sich allein oder sinnentleert vorkommen, die sich zurückgesetzt fühlen, an der Liebe und Heilszuwendung Gottes zweifeln, unter einem Druck stehen, unter Depressionen leiden oder in ihrem Leben Angst haben, wird ein sicheres Gefühl von Angenommensein geschenkt. Der Weg zu Gott wird geöffnet, indem Schwierigkeiten beseitigt und Hindernisse abgebaut werden. Dem Betenden wird schon nach einer kurzen Zeit der Übung bewusst, dass der Schöpfer mit seinem Sohn Jesus Christus im Heiligen Geist stets gegenwärtig ist und ihn auf all seinen Wegen begleitet.

Cassian betont, dieses so wunderbare Gebet der Hingabe niemals aufzugeben, weder in harten und traurigen Zeiten noch in Zeiten der Zufriedenheit und des Erfolgs. Da das Ruhegebet ein Zuviel abbaut und ein Zuwenig wieder auffüllt, führt es den Betenden in seine gesunde Mitte und damit auf seinen lebenswahrhaftigen Grund. Wichtig ist, es regelmäßig und beständig zu beten: in belasteten Zeiten, um frei zu werden, in guten Zeiten und glücklichen Zeiten, um diesen Zustand zu bewahren.

Wenn jemand im tätigen Leben steht – so hat die Erfahrung gezeigt und lehrt die Wirkungsgeschichte des Ruhegebetes – sollte er ein kürzeres Gebetswort wählen. Einige Wüstenväter wie auch später die Mönche auf dem Berg Athos stellten eine Reihe von Gebetsworten zusammen. Von diesen wählten sie dann eines für den Schüler aus und übergaben es ihm. Oft war damit eine feierliche Handlung verbunden. Es bestand aber auch die Möglichkeit, dass der Schüler sich eines von den ihm vorgelegten Gebetsworten selbst auswählen konnte. Die zum Ruhegebet überlieferten Gebetsformeln werden im Folgenden vorgestellt, indem mit dem längsten Gebetswort begonnen und mit dem kürzesten die Aufstellung beendet wird.

Deus, in adiutorium meum intende. Domine, ad adiuvandum me festina

Herr, wie es dir gefällt und nach deinem Wissen erbarme dich meiner

Herr Jesus Christus, Sohn Gottes, erbarme dich meiner, des Sünders

Herr Jesus Christus, Sohn Gottes, erbarme dich meiner

Herr Jesus Christus, Sohn Gottes, erbarme dich unser

Gott, komm mir zu Hilfe. Herr, eile mir zu helfen

Herr Jesus Christus, erbarme dich meiner

Jesus, Sohn Davids, erbarme dich meiner

Herr Jesus Christus, erbarme dich unser

Jesus Christus, erbarme dich meiner

Jesus Christus, erbarme dich unser

Herr Jesus Christus, Sohn Gottes

Jesus, Messias, Sohn Gottes

Jesus Christus, Sohn Gottes

Herr, erbarme dich meiner

Mein Gott und mein alles

Herr, erbarme dich unser

Dein Wille geschehe

Herr Jesus Christus

Herr, erbarme dich

Komm, Herr Jesus

Jesus Erbarmen

Christe eleison

Jesus Christus

Kyrie eleison

Jesus, Liebe

Jesus, Herr

Herr Jesus

Maranatha

Immanuel

Jesus, du

Christos

Adonai

Jesus

Abba

Wenn der Schüler keinen geistlichen Begleiter an seiner Seite hat, wähle er selbst ein Gebetswort aus, das ihm intuitiv entgegenkommt. Wie bereits erwähnt, sollte es für jemanden, der nicht in einem kontemplativen Orden lebt, nicht zu lang sein. Empfohlen wird ein kurzes und inniges Stoßgebet. Abt Lukios in Enaton übte und lehrte ein ähnliches Gebet wie Johannes Cassian. Bei ihm findet sich die erste Form von Gebet, welches nur ein einziges Wort enthält.[76]

Über die Inhalte der einzelnen Gebetsanrufungen sollte weder lange nachgedacht noch reflektiert werden. Nachdem man sich »sein Wort« ausgesucht hat, ist es nicht notwendig, zu begründen, warum und weshalb gerade dieses Gebet gewählt wurde. Je weniger der Intellekt bei diesem ersten Schritt wie auch später bei der Ausübung des Ruhegebetes beteiligt ist, umso schneller und leichter wird der Betende Fortschritte machen. Als Erstes wiederhole er einige Male sein Gebet, indem er es laut ausspricht, dann leise – bis er beim sanften Wiederholen nicht mehr die Zunge und die Lippen bewegt. Jetzt wiederholt er es nur noch in Gedanken und schließt dabei die Augen. Aus dem gedanklichen Wiederholen wird allmählich ein innerliches. All dies geschieht ohne Anstrengung, ohne den Willen einzusetzen, rein absichtslos und ohne jegliche Erwartung.

1. Dauer des Ruhegebetes

Cassian sagt einfühlend: »Wiege diesen Vers in deinem Herzen, dann wird er dir zum segensreichen Gebet.« Dieses ohne Unterbrechung selbst bei der Arbeit und auf Reisen zu tun, gilt nur für den monastisch lebenden Menschen, der sein Leben, ja, jeden Atemzug Gott geweiht hat. Er hat versprochen, Tag und Nacht den Schöpfer mit all seinen Kräften zu loben und ihm zu dienen. Dem immerwährenden Gebet der ägyptischen Mönche durfte nichts vorgezogen werden. Da sie durch einfache Handarbeit ihren Lebensunterhalt verdienten, konnten sie es bei all ihrem Tun verrichten. Diese Lebens- und Gebetsweise haben die Athos-Mönche übernommen, wie auch viele spätere Klostergemeinschaften auf der ganzen Welt. In der Literatur findet sich dieses immerwährende Beten bei allen Hesychasten, die als Mönche für Mönche ihre Anweisungen schrieben. Die beiden allgemein verständlichen Werke, die überall eine große Verbreitung fanden, sind »Aufrichtige Erzählungen eines russischen Pilgers«, herausgegeben von Emmanuel Jungclaussen, und »Auf den Bergen des Kaukasus, Gespräch zweier Einsiedler über das Jesus-Gebet« von Schimonach Ilarion. Hier geht es jeweils auch um ein Beten ohne Unterlass. Nicht nur die Einsiedler haben ihr Leben immerwährend auf Gott ausgerichtet, sondern auch der Pilger auf seinem Weg zur Erfüllung des Wortes »Betet ohne Unterlass«.

Die in dieser Literatur gegebenen Anweisungen dürfen unter keinen Umständen von Menschen übernommen werden, die nicht monastisch und gleichzeitig kontemplativ leben. Für sie gilt die Anweisung, sich für das Ruhegebet eigens Zeit zu nehmen und es nicht während irgendeiner anderen Tätigkeit zu beten. Fünfzehn bis zwanzig Minuten – zweimal am Tag – reichen völlig aus. Es wird empfohlen, nicht unmittelbar vor dem Schlafengehen zu üben, da sich sonst durch den aktivierenden Charakter des Ruhegebetes Einschlafschwierigkeiten einstellen können. Bittere und schmerzhafte Erfahrungen eines Zuviel haben gezeigt, dass es sich nicht nur um eine Empfehlung handeln darf, sondern dass diese relativ kurze Gebetszeit für das Ruhegebet eine Anweisung sein muss.[77] Es gibt allerdings Ausnahmen.

- Wie bereits erwähnt, kann das Ruhegebet vor besonders belastenden Ereignissen ein drittes Mal am Tag ausgeführt werden.
- Während einer Krankheit sollte der Kranke – vorausgesetzt, er hat das Bedürfnis zu beten – so oft und so lange, wie er es möchte, das Ruhegebet aufnehmen. Im gesunden Zustand wird empfohlen, sitzend und aufrecht zu beten. Für einen Kranken jedoch ist das Ruhegebet auch im Liegen heilsam.
- Erwartet eine Frau ein Kind und geht keiner regelmäßigen Arbeit nach, ist also zu Hause, kann sie häufiger und länger das Ruhegebet beten. Sie und das Kind befinden sich in demselben Kreislauf. Wenn somit die Mutter tiefe Ruhe und Erfüllung durch das Gebet aufnimmt, gehen diese ebenso wohltuend und Heil bringend auf das Kind über. Erfahrungen zeigen, dass mit dem und durch das Ruhegebet eine Geburt sanfter abläuft.
- Ältere Menschen, die nicht mehr im Beruf stehen, können – wenn es ihnen gut tut – ihre Gebetszeit erhöhen.

2. Beim einmal gewählten Gebetswort bleiben und es nicht aussprechen

Es gibt Menschen, die meinen, wenn sie zu wenig Fortschritte auf ihrem Gebetsweg wahrnehmen, ihr Gebetswort wechseln zu müssen. Dies ist eine irrige Ansicht. Das Gebetswort, dessen Schwingung allmählich und mit der Zeit des Übens zur Schwingung des Betenden selbst wird, indem es in tiefen Bereichen seiner Innerlichkeit wurzelt, sollte weder ausgesprochen noch ausgewechselt werden. Dies ist ein Hinweis, den die Väter immer wieder erteilten. Sie vergleichen es mit einem Samenkorn, das in der Tiefe der Erde sterben muss, um Frucht zu bringen. So auch das Wort im Ruhegebet. Es bricht auf, um sich einerseits zu verwurzeln und andererseits in der sichtbaren Welt Früchte zu tragen.

Spricht man es aus, wird es wieder an die grobe Oberfläche geholt und verliert seine Wirksamkeit.

> Die Veränderung des Gebetsrufes darfst du nicht wegen der sich gleichbleibenden Speise und des unveränderlichen dreifachen Namens vornehmen; denn die von mir essen, werden hungern ... denn die Bäume, die zu oft umgepflanzt werden, fassen keinen Boden.[78]

Cassian gebraucht ein anderes Bild als das vom Samenkorn. Er bezieht das, was Mose von den Geboten Gottes sagt, hier auf das Ruhegebet.

- Diese Worte, auf die ich dich heute verpflichte, sollen auf deinem Herzen geschrieben stehen. *Deuteronomium 6,6*
- Diese meine Worte sollt ihr auf euer Herz und auf eure Seele schreiben. *Deuteronomium 11,18a*

3. Hilfreiche Vorbereitungen zum Ruhegebet

Die tägliche Erfahrung vieler Menschen, die den Weg des Ruhegebetes gehen, hat gezeigt, wie wichtig es ist, diese praktischen Hinweise zu beachten. Sie möchten richtungweisend sein, vorbereiten und öffnen für die göttlichen Gnadengaben, die Gott dem Menschen zugedacht hat. Durch die Beachtung der Hinweise verliert man weder Zeit durch unnötiges Suchen und Experimentieren noch die Freude am Beten selbst.

Cassian legt größten Wert darauf, die Zeit unmittelbar vor dem Ruhegebet entsprechend einzuleiten und sich zu bereiten. Für ihn ist diese Voraussetzung so wichtig, dass er sie zweimal ausführlich erwähnt.

◆ Die Zeit vor dem Ruhegebet

»Was immer unsere Seele vor der Stunde des Gebetes beeindruckt hat, steigt in ihr hoch, wenn wir beten, indem das Gedächtnis es uns einflüstert. Wir müssen also in etwa die Verfassung, in der wir uns beim Beten befinden wollen, schon vor der Gebetszeit bereiten, denn das Gebet wird von dem inneren Zustand, in dem wir uns vor dem Beten befanden, mitgeprägt.«[79] Es wird eine günstigere Voraussetzung geschaffen, schneller und tiefer in die Ruhe zu kommen, wenn vor dem Beten die Zeit von aller Hektik und Anspannung freigehalten wird. Auch gilt es, möglichst neue Eindrücke zu meiden. Es ist ratsam, schon vor der Gebetszeit anzuhalten, um sich innerlich vorzubereiten. Soweit es möglich ist, soll alles, was die Gedanken verwirren und vom Gebet ablenken kann, zurückgelassen werden. Cassian ist dieser Hinweis so wichtig, dass er am Ende seiner Schrift vom Gebet noch einmal darauf zurückkommt. »Jene Gedanken also, die uns vor dem Beten beschäftigen, lassen uns während des Gebetes entweder zu Himmlischem aufsteigen oder zu Irdischem absinken.«[80]

Zu weiteren Vorbereitungen zum Ruhegebet gab Cassian keine Hinweise mehr. Sein geistlicher Lehrer Origenes jedoch erwähnt in seiner Schrift »Vom Gebet« zusätzliche Verhaltensweisen, die einen schnelleren und tieferen Einstieg in die Versenkung fördern.[81] Cassian wird diese konkreten Anweisungen, die im Folgenden wiedergegeben werden, gekannt und wahrscheinlich nicht eigens ausgeführt haben, da sie seinerzeit als Allgemeinwissen vorausgesetzt wurden.

◆ HALTUNG

Man sollte im Sitzen beten oder – bei Krankheit – im Liegen. Empfehlenswert für Wirbelsäule und Kopf ist die Aufrechte. Wesentlich jedoch ist, dass eine angenehme unverkrampfte Haltung eingenommen wird. Man sollte sich während des Ruhegebetes weder äußerlich noch innerlich zu etwas zwingen. Einige bevorzugen es, am Boden zu sitzen, um eng mit der Erde Kontakt aufnehmen zu können (vgl. Matthäus 26,39). Es gibt Menschen, die während ihres Gebetes gern knien. Die meisten jedoch nehmen eine bequeme sitzende Haltung ein. Kann man sich im Berufsleben oder auf Reisen nicht zurückziehen, ist es auch möglich, nur innerlich zu beten, ohne aufzufallen.

Alle äußeren Voraussetzungen für das Gebet haben nur dann eine wirkliche Bedeutung und einen Wert, wenn sie auch den inneren Zustand des Betenden ausdrücken. Die Verneigung oder die Kniebeuge bedeutet, dass wir Gott, der uns Vergebung und Heilung schenken möge, als den Höchsten anerkennen. So ist sie Symbol dafür, dass wir uns Gott gegenüber verdanken.

> Daher beuge ich meine Knie vor dem Vater, von dem alle im Himmel und auf der Erde ihren Namen haben. *Epheser 3,14–15*

Es gibt aber auch eine geistige Verneigung oder Kniebeuge, die im Namen Jesu geschieht und ganz umfassend für alle gilt, die sich Gott zuwenden.

> Damit alle im Himmel, auf der Erde und unter der Erde ihre Knie beugen vor dem Namen Jesu. *Philipper 2,10*

Wo auch immer man betet – jeder Ort ist zum Beten geeignet.

> Ich will, dass die Männer an jedem Ort beten. *1 Timotheus 2,18*

♦ ORT DES BETENS UND DAS GEMEINSAME GEBET
Um die für das Gebet notwendige Ruhe und Innerlichkeit zu unterstützen, und um jede Ablenkung weitestgehend auszuschalten, sollte in der Wohnung oder im Haus der ruhigste, »heiligste« Platz zum Beten ausgewählt werden. Es ist selbstverständlich, dass im Gebetsraum für gute und frische Luft gesorgt wird. Unbedingt ist darauf zu achten, welche Geschichte der Ort hat, an dem gebetet wird. Man sollte sich fragen, ob an dieser Stelle Ungutes geschah, anderen Schlechtes zugefügt wurde, Vorteile gesucht wurden auf Kosten anderer, gegen die Naturgesetze verstoßen wurde oder etwas geschah, was diesem Ort anhaftet und ihn negativ belastet. Eine derartige Belastung wirkt sich nicht nur auf den Betenden aus, der sich Gott ganz öffnen möchte, oftmals aber, ohne es zu wissen, negativen Kräften ausgesetzt ist – sondern auch auf das Gebet selbst, seine Ruhe, Tiefe und Innerlichkeit. Finden sich mehrere Menschen zum Gebet zusammen, entsteht eine besonders gute und bleibende Atmosphäre. Die »Kraft unseres Herrn« (1 Korinther 5,4) und Heilandes wird auf besondere Weise spürbar unterstützt von guten Mächten – auch Engel genannt. Hinzu kommen, wie viele Erfahrungen gezeigt haben, helfende Schwingungen, die sowohl von Lebenden als auch von Verstorbenen ausgehen.

- Der Engel des Herrn umschirmt alle, die ihn fürchten und ehren, und er befreit sie. *Psalm 34,8*
- Gott, der mein Hirte war mein Leben lang, der Engel, der mich erlöst hat von jeglichem Unheil. *Genesis 48,16*

Und so entsteht eine »doppelte Gemeinde«: die der Menschen und die der Engel; eine wunderbare Gemeinschaft, die »in demselben Sinn und in derselben Überzeugung« (1 Korinther 1,10) zusammengekommen ist und »einen Leib in Christus« (Römer 12,5) bildet. Wurde der Ort des gemeinsamen Gebetes richtig gewählt, kommt ihm, wie auch dem Gebet selbst, eine besonders wirkmächtige Bedeutung zu. Es ist darauf zu achten, dass man sich nicht durch eine falsche Wahl dunklen Mächten aussetzt.

- VERSCHIEDENE PRAKTISCHE HINWEISE

Wenn es eben möglich ist, sollte regelmäßig zu festgesetzten Zeiten täglich gebetet werden. Ist dies jedoch aus persönlichen oder beruflichen Gründen nicht gegeben, ist es besser, überhaupt zu beten, selbst wenn es nur einmal am Tag und verkürzt sein sollte, als das Ruhegebet zu unterlassen. Nach einem kräftigen Essen sollte vier Stunden und nach einer leichten Mahlzeit eine Stunde gewartet werden. Es ist ratsam, vor dem Gebet den Mund auszuspülen und das Notwendige zu verrichten. Die Wüstenväter empfehlen, den Tag beim Sonnenaufgang mit dem Gebet zu beginnen und ihn beim Sonnenuntergang betend zu beenden. Beim Morgengebet gibt der Betende alle Gedanken und Gefühle, die in ihm aufsteigen und sich eventuell auf den bevorstehenden Tag beziehen, an Gott ab. Ebenso legt er beim Abendgebet die

Gedanken an den vergangenen Tag und die vielen Eindrücke in seine Hände. Wenn der Betende das Bedürfnis hat, steht es ihm frei, vor dem eigentlichen Ruhegebet dem Herrn seine Befindlichkeit oder seine Wünsche vorzutragen.

Der Anfänger sollte Wert darauf legen – vorausgesetzt er betet das Ruhegebet nicht mit anderen gemeinsam –, dass er in einem ruhigen und geschlossenen Raum für sich allein ist. Auch Kinder und Tiere sollten nicht in diesem Raum sein, denn sie ziehen die frei werdende Lebensenergie und Gnade ab, die vorerst dem Betenden selbst zur Verfügung stehen sollte. Später jedoch, wenn durch das Ruhegebet und die liebende Zuwendung des Herrn der Strom ewigen Lebens begonnen hat, ständig und in Fülle zu fließen, geht er von selbst auf die Menschen über, die dem Betenden am nächsten stehen und für die er die Verantwortung mit trägt.[82] Dann wird es für ihn zu einer noch größeren Erfüllung, wenn Menschen in seiner Nähe gelassener werden und sich auf den Schöpfer ausrichten oder gar ihr Leben nach ihm einrichten. Menschen im gleichen Raum bedeuten jetzt keine Störung mehr, wenn sie selbst zu Empfangenden werden. Derjenige, der sich mehr und mehr im Ruhegebet zu Hause fühlt, kann viel tiefgreifender einem Kranken beistehen, da er fühlt, was der Kranke zu seinem Heil am nötigsten braucht. Ein Sterbender, den jemand begleitet, der im Ruhegebet fortgeschritten ist, wird es leichter haben, loszulassen und den Weg in die kommende Welt zu finden. Hingabe schafft Rettung.

4. Mit dem Ruhegebet beginnen[83]

◆ GEISTLICHE BEGLEITUNG

Wer ernsthaft bereit ist, mit dem Ruhegebet zu beginnen und bei eventuellen Durststrecken das Gebet nicht aufzugeben, für den ist es ratsam, zusammen mit einem erfahrenen Menschen diesen Gebetsweg zu gehen. Ein geistlicher Begleiter führt in das Gebet ein, ist Vorbild und kennt größere Zusammenhänge. Aus langjähriger Erfahrung kann er das Ruhegebet unterstützen, die rechte Vorgehensweise bestätigen oder den Gebetsweg korrigieren, wenn ihm Fehler auffallen. Oft machen das Verhaftetsein des eigenen Ego oder die Abhängigkeit von anderen Menschen es nicht leicht, im Alleingang das Ruhegebet einzuüben. Sollte der Gott Suchende jedoch diesen Weg allein gehen wollen oder gar müssen, möge er sich genau nach den Weisungen Cassians richten.

✦ KREUZZEICHEN

Vor und nach dem Ruhegebet sollte der Betende ein Kreuzzeichen machen und damit bekennen, dass Gott der Vater im Himmel ist, der Sohn in die Welt gekommen ist und mit dem Menschen in die tiefsten Tiefen der Passion und den Tod geht und der Heilige Geist die geschaffene Welt und das All erfüllt. Mit dem Zeichen des Kreuzes lenkt der Betende bereits seine Aufmerksamkeit auf Gott.

• GEBETSWORT

Nachdem der Betende Platz genommen hat, schließt er die Augen und wartet ein bis zwei Minuten, bis er das von ihm gewählte Gebetswort innerlich aufnimmt. Nach einiger Übung jedoch stellt es sich von selbst ein, ohne es denken zu müssen. Die Anrufung Gottes, die gleichzeitig eine Ausrichtung auf ihn zum Inhalt hat, wird anstrengungslos, einfach und leicht, ohne irgendeine Erwartung wiederholt. Den aufkommenden Gedanken wird weder Aufmerksamkeit noch Beachtung geschenkt. Bemerkt der Betende, dass er sich in Gedanken befindet und nicht mehr sein Gebet innerlich wiederholt, kehrt er zu seinem Wort zurück und gibt ihm während der Zeit des Betens den Vorrang.

Das Wesen des Ruhegebetes besteht nicht nur im Nicht-Sprechen und im Schließen des Mundes, sondern in einer zunehmenden inneren Wachheit, ausgerichtet auf den Schöpfer. Damit geht ein Aufmerken der Seele einher. Das Gebetswort hat die Aufgabe, den Betenden wach zu halten, ihn vor eigener Gedankenaktivität und eventuellen Träumereien zu bewahren und ihn immer wieder, wenn er durch von selbst kommende Gedanken, Bilder und Vorstellungen abgeglitten ist, in einer ruhevollen Wachheit auf den Schöpfer auszurichten. Es ist Gott, der Schöpfer des Himmels und der Erde, der angesprochen wird, dem man sich öffnet und dem man im Gebet sein gesamtes Vermögen hingibt. Gott tritt in den Mittelpunkt, wenn der Betende sich selbst vergisst und sich durch die Wiederholung des Gebetswortes immer wieder neu auf den Herrn ausrichtet. Dieses Gebet führt in ein immer tiefer werdendes Schweigen. Der Betende nimmt dabei mehr und mehr die Haltung eines Empfangenden ein. Dies ist die größte Hingabe, die es gibt. Durch sie kann der Wille und die Gnade Gottes den Betenden am besten erreichen. Indem er im Ruhegebet Gott als den Schöpfer oder Jesus Christus als den Heiland der Welt anruft, verlässt er sich vertrauend und willenlos auf ihn. In dieser Hingabe erfährt der Betende, dass Gott etwas unendlich Gutes mit ihm vorhat.

♦ Veränderung des Gebetswortes
Während des Ruhegebetes kann sich das Gebetswort von selbst verändern. Dem soll keine besondere Bedeutung beigemessen werden. Wenn sich der Betende in Gedanken befindet, dieses bemerkt und zu seinem Wort zurückkehrt, nimmt er genau das Gebetswort auf, das er gewählt hat. Während

des Ruhegebetes – man lässt es geschehen, wie es kommt und geht – kann das Wort leiser oder lauter erscheinen, einen anderen Klang oder Rhythmus annehmen, strenger oder sanfter klingen, sich in ein anderes Wort verwandeln oder gar ganz schwinden. Dies sind dann begnadete Augenblicke tiefster Ruhe, in denen weder Gedanken noch das Gebetswort präsent sind.

Es kommt vor, dass Gedanken und das Wort gleichzeitig da sind oder dass sich der Atemrhythmus mit dem Wort verbindet. Wenn es von selbst geschieht, wird es sich auch von selbst wieder lösen. Weder die Gedanken noch der Atem sind bewusst aufzunehmen oder zu führen. In allem ist – ohne sich dabei anzustrengen oder sich gar zu konzentrieren – dem Gebetswort der Vorzug zu geben.

◆ Hingabe

Das Ruhegebet, das zum Schweigen vor Gott führt, darf niemals vom Betenden eine Anstrengung fordern. Niemand erwartet etwas von ihm, und er muss nichts leisten. Das Ruhegebet bewirkt eine Sammlung der diffusen, nach außen gerichteten Kräfte und möchte zur inneren Einkehr führen. Nichts ist notwendig – weder analytisches Denken noch Schärfe des Verstandes –, um diesen Weg der Hingabe zu gehen. Der Betende nimmt innerlich, ohne es auszusprechen, sein Gebetswort auf und ruft damit den Schöpfer an. Durch die Anrufung seines Namens stellt er ihn in den Mittelpunkt seines Gebetes und richtet sich damit – sich selbst vergessend – ganz auf Gott aus. Dies ist die größte Hingabe, die es gibt. Ohne etwas für sich zurückzubehalten vollbringt er das Opfer, das Gott am wohlgefälligsten ist. Durch Hingabe oder Aufopferung dessen, was der Mensch ist und was er am liebsten hat, können ihn der Wille und die

Gnade Gottes am besten erreichen und seine Innerlichkeit und sein Leben mit noch Größerem bereichern als das, was er hingegeben hat.

◆ ERWARTUNGEN

Alle großen Beter, Gottesfreunde und Mystiker haben gelehrt und lehren es durch ihr Beispiel immer wieder, keine Erwartungen zu haben, gelassen und geduldig zu sein. Selbst wenn der Betende bewusst oder unbewusst Erwartungen hat, so lege er auch diese im Gebet der Hingabe in die Hände Gottes. Erwartungen wie auch bewusst gesteuerte Gedanken engen das Bewusstsein ein und halten den Betenden an der Oberfläche.

◆ In jener Stunde kamen die Jünger zu Jesus und fragten: Wer ist im Himmelreich der Größte? Da rief er ein Kind herbei, stellte es in ihre Mitte und sagte: Amen, das sage ich euch: Wenn ihr nicht umkehrt und wie die Kinder werdet, könnt ihr nicht in das Himmelreich kommen. Wer so klein sein kann wie dieses Kind, der ist im Himmelreich der Größte, und wer ein solches Kind um meinetwillen aufnimmt, der nimmt mich auf. *Matthäus 18,1–5*

◆ Damals kam die Frau des Zebedäus mit ihren Söhnen zu Jesus und fiel vor ihm nieder, weil sie ihn um etwas bitten wollte. Er fragte sie: Was willst du? Sie antwortete: Versprich, dass meine beiden Söhne in deinem Reich rechts und links neben dir sitzen dürfen. Jesu erwiderte: Ihr wisst nicht, um was ihr bittet. Könnt ihr den Kelch trinken, den ich trinken werde? *Matthäus 20,20–22*

Was wir in diesem Leben mit der Gnade Gottes erreichen können, wissen wir nicht. Was wir aber mit Bestimmtheit wissen: Kein Gebet, kein Ruhegebet, kein guter Gedanke und keine gute Tat sind vergeblich. Sie reinigen unsere Seele und die gesamte Atmosphäre, sodass unsere Persönlichkeit reifen und sich zu Höherem entfalten kann.

◆ Umgang mit Gedanken

Obwohl wiederholt darauf hingewiesen wurde, dass das Ruhegebet nichts mit Konzentration und Betrachtung zu tun hat und somit außer der sanften intuitiven Wiederholung des Gebetswortes keine gedankliche Aktivität fordert, wird diese Tatsache auch von Betenden oft wieder vergessen. Sie meinen, auch im Gebet vor Gott etwas leisten zu müssen und schalten sich somit in den ganz von selbst ablaufenden Prozess des Ruhegebetes bewusst und damit störend ein. Durch die tiefe Ruhe für das Nervensystem und das Bewusstsein werden Spannungen gelöst, die dann in Form von Gedanken, Gefühlen oder Vorstellungsbildern auftreten, bewusst werden und sich – wenn man sich nicht weiter um sie kümmert – auflösen. Dieser Vorgang gehört mit zur ersten Stufe des Ruhegebetes: das Freiwerden von Blockaden oder die innere Reinigung.

Es können sich jedoch genauso gut auch kreative Gedanken entwickeln, die tiefere Zusammenhänge offenbaren möchten und nach Umsetzung verlangen. Auch um sie kümmert sich der Betende während der Zeit des Ruhegebetes nicht, sondern gibt dem Gebet den Vorrang. Er darf sicher sein, dass Leben unterstützende Gedanken und Ideen sich genauso nach der Gebetszeit wieder einstellen und dann verwirklicht werden können. Auch treten im Ruhegebet verstärkt Gedanken an Vergangenes, Gegenwärtiges und Zukünftiges auf. Mögen sie nun Spannungslösungen sein oder nicht: der Betende geht ihnen nicht nach, sondern kehrt zu seinem Gebetswort zurück. Gedanken während des Ruhegebetes werden weder analysiert noch für wichtig erachtet. Dem Betenden reicht es zu wissen, dass durch die Anrufung Gottes und das damit verbundene Loslassen des eigenen Ego für ihn nur etwas Gutes geschehen kann. Nach dem Gebet sieht er oftmals klarer, findet seine Gedanken geordneter und spürt Lebensenergie, die umgesetzt werden möchte.

◆ UNRUHE UND KÖRPERBEWEGUNGEN
Gewöhnlich breitet sich schon in den ersten Gebetsminuten Ruhe aus. Ob nun der Betende eine gerade erfahrene Unruhe mit in das Gebet gebracht hat oder sich in ihm Faktoren lösen, die zur Unruhe führen: auf keinen Fall soll er sie unterdrücken oder nicht wahrhaben wollen. Bleibt er im Gebet, wird sich nach kurzer Zeit wieder Ruhe einstellen. Sollte er jedoch durch anhaltende Unruhe das Gefühl haben, die Augen öffnen oder sich bewegen zu müssen, soll er dem nachgeben und es bedenkenlos tun: umso entspannter kann er dann erneut ins Ruhegebet eintauchen. Wegen einer Unruhe aufzustehen und das Ruhegebet abzubrechen, ist genau der falsche Weg. Sollte eine nicht zu umgehende äußere Störung[84] eintreten, muss das Ruhegebet leider unterbrochen werden, um sie zu beheben. Es ist empfehlenswert, sich danach noch einmal hinzusetzen – und wenn es nur für einige Minuten ist – um noch einmal den Schöpfer anzurufen und das Gebet mit der entsprechenden Ruhe zu beenden. Um Geräusche, die während des Ruhegebetes auftreten, sollte man sich nicht kümmern, sondern ihnen gegenüber eine neutrale Haltung einnehmen. Entsteht ein solcher Druck im Inneren, der die ganze Aufmerksamkeit auf sich lenkt, kann man das Ruhe-

gebet unterbrechen und nach einem tiefen Einatemzug alle Anspannung im Ausatmen abgeben. Martin Luther sagt zu Recht: »Lass doch öfter einen tiefen Seufzer fahren.«

◆ MÜDIGKEIT UND SCHLAF

Vor allem, wenn der Körper zu wenig Entspannung und Schlaf bekommen hat, stellt sich im Ruhegebet gern Müdigkeit ein. Sie zeigt an, dass dem Betenden etwas Wesentliches fehlt. Bevor er gegen die Müdigkeit angeht und eventuell noch einen Zwang auf sich selbst ausübt, sollte er ihr nachgeben und den Schlaf während des Gebetes zulassen. Erfahrungsgemäß ist er nur sehr kurz und man wacht wesentlich erfrischter nach einigen Minuten wieder auf, um das Gebet fortzusetzen.

5. Das Ruhegebet beenden

Für Anfänger, die noch kein Zeitgefühl für die Dauer des Ruhegebetes entwickelt haben, ist es ratsam, sich vorher einen Wecker oder eine Zeituhr zu stellen. Damit man sich beim plötzlichen Klingeln nicht erschreckt, kann man die Uhr unter ein Kissen oder eine Decke legen. Allmählich jedoch entwickelt der Betende ein Gespür für die gewohnte Gebetszeit, sodass er nicht Gefahr läuft, das Ruhegebet endlos zu überziehen. Vorzeitig sollte man das Gebet nicht beenden; selbst wenn man das Gefühl hat, es bringe diesmal nichts. Da oft Wesentliches geschieht ohne dass es vorerst in unser Bewusstsein dringt, sind das Ruhegebet und seine Auswirkungen keinesfalls subjektiv zu beurteilen.

Wenn die Gebetszeit zu Ende geht und man dieses wahrnimmt, wird das Gebetswort nicht mehr innerlich wiederholt. Die Augen bleiben jedoch noch geschlossen. Man atmet tiefer durch, ballt beim Einatmen die Hände zu Fäusten und beim Ausatmen und Abgeben öffnet man sie wieder. Bevor man die Augen öffnet, tut ein Recken und Strecken der Glieder und eventuell auch ein Gähnen sehr gut. Wichtig ist, darauf zu achten, das Gebet mit ein paar Minuten Ruhe zu beenden, bevor man aufsteht und sich wieder einem aktiven Tun zuwendet. So wie man das Ruhegebet beendet, sollte man es in umgekehrter Weise auch beginnen, das heißt, vom gröberen Tun zum feineren übergehen und allmählich alle Aktivität aufgeben. Der Weg führt vom Gehen über das Stehen zum Sitzen, vom Sehen zum Schließen der Augen, von der äußeren Bewegung und inneren Bewegtheit zur Ruhe für Körper, Geist und Seele, vom Denken zum Nicht-Denken und vom begrenzten Bewusstsein zu Unbegrenztem.

6. Nach dem Ruhegebet

◆ Kreuzzeichen und Dank

So wie man das Ruhegebet begonnen hat, sollte man es auch mit einem Kreuzzeichen beenden. Kommt Dank auf gegenüber Gott, sollte man ihn spontan zum Ausdruck bringen. Viele beten nach dem Ruhegebet einen Psalm, einen Hymnus oder gar die Laudes oder die Vesper aus dem Stundenbuch. In besonderer Weise eignet sich der Psalm 103, ein Loblied auf den gütigen und verzeihenden Gott, oder der Lobgesang der drei jungen Männer aus dem Buch Daniel (vgl. Daniel 3,51–90). Viele Menschen bekunden ihren Dank und ihre Freude durch eigene Worte aus freiem Herzen. Einige singen oder tanzen sogar, andere wiederum möchten noch eine Zeitlang im Schweigen des Ruhegebetes bleiben.

Gott, der uns nach seinem Bild erschaffen und dieses in unsere Seele eingestiftet hat, verleiht uns die Fähigkeit, ihn in unser Bewusstsein aufzunehmen, ihn zu erkennen und ihm zu danken. Er schenkt uns auch dann sein liebendes Entgegenkommen, wenn wir uns von ihm entfernt haben. Er lässt uns wiedergeboren sein im Heiligen Geist. Er hat uns in diesem Leben seinen Beistand und seine Gnade und im zukünftigen eine unaussprechliche Herrlichkeit versprochen. Er hat uns Mittel zur Seite gestellt, wie zum Beispiel das cassianische Ruhegebet und das daraus später entstandene Herzens- oder Jesusgebet, die Dunkelheit in uns und in der Welt zu besiegen und zu erhellen. Wir sollten auch dankbar an die heilende Kraft der Sakramente denken, die uns der Vater durch seinen Sohn Jesus Christus zugänglich gemacht hat. Was wir auch tun, sagen, denken oder fühlen: Immer wieder klopft er an die Tür unserer Seele und bietet uns an, ihm zu öffnen. Sollten wir da nicht dem Herrn danken für alles Gute, das er uns hat zukommen lassen, ihn loben und preisen – gemeinsam mit der gesamten Schöpfung?!

◆ GRENZEN ANNEHMEN

Es sei auf eine Vorsichtsmaßnahme aufmerksam gemacht, die helfen möchte, sich nicht zu verlieren. Die Grenzen, die uns in dieser Welt und Zeit auferlegt sind, müssen wir annehmen und willig nach dem Ruhegebet zu ihnen zurückkehren, wenn wir in Gott Entgrenzung erfahren haben. Wenn man übertreibt und die Gesundheit und die Seele Schaden nehmen, der sich eventuell noch auf andere Menschen auswirkt, gebietet es die Liebe und die Nächstenliebe, eine Veränderung auf dem geistlichen Weg vorzunehmen. Das geistliche Fortschreiten muss dann der Gangart angepasst werden. Die Gefahr besteht nämlich, durch gute spirituelle Erfahrungen unersättlich zu werden und mit allen Mitteln zu versuchen, den geistigen Weg zu beschleunigen. Damit der Betende nicht Schaden an seiner Gesundheit und seiner Seele nimmt, sollte er sich seiner inneren und äußeren Grenzen bewusst sein und nichts herausfordern.

◆ Körperliche Übungen

Es gibt viele wohltuende körperliche Übungen, die meistens mit einer bewussten Atemübung beginnen. Bestimmte Bewegungsabläufe führen zu einer größeren Ausgewogenheit, die nicht nur den Körper, sondern auch die Seele ansprechen. Diese eher sanften Übungen können sowohl vor dem Ruhegebet als auch nachher ausgeführt werden. Sie dürfen allerdings nicht zu einer Anstrengung werden. Auch hier, wie beim Ruhegebet, darf es nicht um Leistung gehen. Um in die Ausgewogenheit von Körper, Geist und Seele zu kommen oder in ihr zu bleiben, sollte nichts übertrieben werden. Im Essen und Trinken Maß zu halten, auf einer nicht zu weichen Unterlage zu schlafen, das sexuelle Leben angemessen zu gestalten und viele weitere ausgewogene Verhaltensweisen dienen dazu, die kostbaren Gaben Gottes zu kultivieren und zu pflegen. Jede gute und angemessene Verhaltensweise unterstützt den geistlichen Weg des Ruhegebetes, auf dem nichts und rein gar nichts abgetötet werden darf.

◆ Auf dem Weg bleiben

Wichtig ist, dass der Betende überzeugt ist von dem, was er übt und das Ruhegebet in einer auf Gott ausgerichteten inneren Haltung vollzieht. Wenn sich Schwierigkeiten einstellen, die über einige Tage gleich stark andauern, sollte man sich Rat bei einem Menschen holen, der mit den Höhen und Tiefen sowohl des Lebens als auch dieses Gebetsweges vertraut ist. Unklug ist es, eigene Entscheidungen zu treffen und eventuell sogar das Ruhegebet aufzugeben. Es kann Durststrecken und Dürrezeiten geben, die es auszuhalten gilt. In welcher Form sie den Betenden erreichen, ist nicht vorhersehbar. Alle auftretenden Schwierigkeiten sollten besprochen werden. Selbst wenn der geistliche Begleiter empfiehlt, das Ruhegebet durch eine kreative Arbeit oder durch eutonische Übungen[85] zu ersetzen, heißt das nicht, dass das Ruhegebet für immer aufgegeben werden muss. Da es bei vielen Menschen, die unter erheblicher Spannung stehen und durch Schicksalsschläge, Medikamente oder Drogen- und Alkoholkonsum nicht mehr sie selbst sind, eine zu starke Wirkung zeigt, können und dürfen sie vorübergehend das Ruhegebet nicht üben. Die Störungen, zu denen auch alle psychischen Krankheiten gehören, müssen erst behoben und geheilt sein. Der Einzelne trägt nicht nur Verantwortung für sich selbst, sondern auch für seine Umgebung.

Gegebenenfalls wird der geistliche Begleiter empfehlen, bei Besserung – in Abstimmung mit dem behandelnden Arzt – mit einer wesentlich verkürzten Gebetszeit wieder mit dem Ruhegehet zu beginnen. Die physiologischen und psychologischen Auswirkungen dieser Gebetsweise sind – obwohl sie so einfach auszuführen ist – nicht zu unterschätzen.

♦ Unterlassen des Ruhegebetes

Den einmal eingeschlagenen Übungsweg aus oberflächlichen und nichtssagenden Gründen zeitweilig oder ganz zu verlassen, bringt eher Rückschritt als Fortschritt. Notwendige Unterbrechungen aus familiären, beruflichen, psychischen oder körperlichen Gründen sind hier nicht gemeint. Der Aufbau einer geistlichen Dimension ist sehr empfindlich und daher störanfällig. Eine für längere Zeit bewusst unterbrochene Gott-Verbundenheit schenkt sich uns nicht wieder, wenn wir es wollen. Bleibt die Bewässerung von Pflanzen und Bäumen, für die wir die Verantwortung tragen, über längere Zeit aus, vertrocknen sie und sterben. Um die geistige Frische des Bewusstseins und die Gott-Verbundenheit zu erhalten, muss beides durch Gebetskultur gepflegt und sorgfältig bewahrt werden.

◆ Fähigkeiten nutzen

Durch das Ruhegebet und die damit verbundene Reinigung des Nervensystems und durch Befreiung von Blockaden zeigen sich latente Fähigkeiten, die es nicht nur anzunehmen, sondern auch umzusetzen gilt. Besonders wenn auf diesem geistlichen Weg Intuition und Eingebung etwas nahe legen, sollte nicht mit der Verwirklichung gezögert werden. Selbst auf die Gefahr hin, dass eventuell andere lächeln oder darüber reden, darf ein solches Tun, das ein spontan gutes Handeln zum Inhalt hat, auf keinen Fall unterlassen werden. Das Ruhegebet führt den Betenden intuitiv zu richtigem und liebevollem Handeln. Und dieses Handeln wiederum führt zu tieferen Erfahrungen der Wahrheit innerhalb und außerhalb des Gebetes.

◆ Auswirkungen des Ruhegebetes

So einmalig und individuell wie jeder Mensch ist, so unterschiedlich sind auch die Auswirkungen des Ruhegebetes. Die durch die tiefe Ruhe und das Freiwerden von Negativität neu zur Verfügung stehende Lebensenergie strömt zunächst dorthin, wo sie am notwendigsten gebraucht wird, das heißt, wo ein Defizit herrscht. Daher ist es zu erklären, dass die Auswirkungen des Ruhegebetes nicht nur von Mensch zu Mensch sehr verschieden sind, sondern auch von Gebet zu Gebet. Das Ruhegebet am Morgen zeigt andere Qualitäten als das am Abend. Die Dumpfheit der Nacht weicht einem klaren Bewusstsein und Denken. Den Tag anzugehen – auch mit seinen eventuellen Problemen und Schwierigkeiten – bereitet Freude. Am Abend dagegen wird der Tag mit seinen vielen Eindrücken verabschiedet, Erschöpfung und Müdigkeit schwinden und es entfalten sich Wachheit und sogar neue kreative Energien. Um schlafen zu können, sollte daher das Ruhegebet nicht mehr nach zwanzig Uhr ausgeführt werden. Trotz der individuellen Auswirkungen gibt es Gemeinsamkeiten. Viele Menschen, die auf ihrem geistlichen Weg mit dem Ruhegebet gute Erfahrungen[86] gemacht haben, berichten:

- Mein eher oberflächliches Leben bricht auf. Es offenbart sich ungeahnte Tiefe.
- Mir wird ein neuer und für mich begehbarer Weg aufgezeigt, der Gutes ans Licht bringt, was vorher verborgen war.
- Ich fühle, dass Dunkles von mir abfällt und ich fähig werde, über mich selbst hinauszuwachsen und Dinge zu vollbringen, an die ich niemals geglaubt habe.
- Eine innere Freude nimmt zu. Die Fähigkeit, mein Leben stärker im Sinne Gottes zu gestalten, beginnt in mir zu wachsen.
- Der Wunsch entsteht, an Gottesdiensten lebenswahrhaftig teilzunehmen. Früher hatte ich eine Abneigung dagegen.
- Viele Dinge, die ich bisher als notwendige Pflicht ansah, werden zu einem Zeichen, das wahrgenommen und geliebt werden möchte.
- Mein Denken wird tiefgründiger, mein Wille wird stärker und meine Entschiedenheit eindeutiger.
- Ich habe von mir zu wenig verlangt. Nun spüre ich eine Kraftquelle in mir, die es auszuschöpfen gilt.
- Deprimierende Gefühle und dunkle Gedanken nehmen ab, und ich spüre eine Freiheit, die ich bisher nicht kannte.

- Gegen vieles, das mich früher magisch anzog, fühle ich eine Abneigung.
- Neue Einsichten, ein neuer Geist und ein neuer Sinn wurden mir geschenkt.
- Ich beginne, Glaubensinhalte und religiöse Werte hoch zu achten.
- Das, was ich bei mir als Schwäche empfunden habe, wandelt sich und wird zu einer meiner Stärken.
- Mein Antrieb, gute Gedanken und entsprechende Möglichkeiten in die Tat umzusetzen, wird größer.

Die Erfahrung bestätigt vieles mehr. Alle, die vom Ruhegebet aufstehen, verfügen über klarere Gedanken und über eindeutigere Ziele. Sie haben nicht nur den festen Vorsatz, ihr Leben zu verbessern, sondern berichten auch über die Bereitschaft und die Fähigkeit zu guten Werken. Sie geben die Freundlichkeit und die Liebe, die sie im Ruhegebet erfahren haben, an andere weiter. Das Lästige, Beschwerliche oder Tragische des Lebens wird – wenn es unumgänglich ist – bejahend angenommen und ohne Gegenwehr ertragen. Das Gesagte und von vielen Menschen Erfahrene hat nichts mit einer Euphorie oder einmaligen Empfindungen zu tun, die schnell wieder schwinden und dem rauen Alltag Platz machen. Die guten Auswirkungen dieser religiösen Erfahrungen bilden eine feste und dauerhafte Grundlage.

7. Mögliche Anzeichen[87] für die rechte Praxis

Wenn im Folgenden Kriterien genannt werden, die vornehmlich auf ein Loslassen von Anspannungen in körperlichen, geistigen und psychischen Bereichen schließen lassen – das Erste, was der Anfänger durch das Ruhegebet erfährt – so bedeutet dies nicht, dass all diese Verhaltensweisen und Be- findlichkeiten bei allen auftreten müssen, die das Ruhege- bet üben. Wichtig ist jedoch, Veränderungen, die durch das Gebet ausgelöst werden, nicht nur wahrzunehmen, sondern auch darüber zu sprechen. Wie Teresa von Avila oftmals fast verzweifelnd betont, wird der Anfänger auf diesem geistli- chen Weg mit Veränderungen konfrontiert, die er nicht ein- und zuordnen kann, wenn sie ihm nicht von einem geistli- chen Begleiter erklärt werden.

Hier geht es allerdings nicht um Bestätigungen von mys- tischen Erlebnissen und Erfahrungen, sondern schlicht und einfach um eine Aufzählung von merklich wahrnehmbaren Veränderungen, die sich mehr auf den körperlichen Bereich beziehen.

- Tiefe und wohltuende Entspannung
- Mühelosigkeit und Leichtigkeit
- Gefühl von Schwerelosigkeit
- Erleben einer großen Wachheit
- Sensibilisierung der Wahrnehmung – vornehmlich des Gehörs
- Wohlgefühl mit erhöhter Aufmerksamkeit
- Feinere Zustände des Gebetswortes, kein Gebetswort und keine Gedanken
- Veränderung des Atems, flacher Atem und verringerte Atemaktivität
- Plötzlich tiefer Atemzug
- Bildung von mehr Speichel im Mund, Schlucken
- Der Kopf sinkt nach vorn, Schläfrigkeit stellt sich ein
- Taubheit und Schwere in den Beinen, Armen und Händen
- Plötzliche Empfindungen kommen und gehen
- Entspannte Gesichtszüge, Anstrengungslosigkeit
- Gefühl von Selbstverständlichkeit und Natürlichkeit

- Schwinden des Zeitgefühls, die Zeit vergeht sehr schnell oder sehr langsam
- Veränderung des Raumgefühls
- Spüren einer Aufrichtekraft und gleichzeitig die der Erdenschwere.
- Wahrnehmen, dass im Ruhegebet etwas Wichtiges geschieht
- Sich freuen auf das nächste Ruhegebet

Obwohl das Gebet immer gleich bleibt, sind die Erfahrungen verschieden, da die körperliche und psychische Verfassung immer anders ist. Zwei Personen mit den unterschiedlichsten Erfahrungen können beide optimalen Gewinn aus dem Ruhegebet ziehen.

8. Rückbesinnung für alle, die mit dem Ruhegebet begonnen haben

Die folgenden acht Rückbesinnungen möchten das Vorgehen noch einmal auf einfache Weise nahe bringen.

- ERSTE RÜCKBESINNUNG –
  SINN UND ZIEL DES RUHEGEBETES

Im Grunde ihres Herzens haben alle Menschen die Sehnsucht, eine Verbindung mit dem Urgrund ihres Seins, mit Gott, aufzunehmen. Ansätze und Wege gibt es viele. Ein Kriterium des rechten Weges besteht darin, dass er nach Überwindung anfänglicher Schwierigkeiten leicht und angenehm zu gehen ist, keine Anstrengung und Leistung verlangt und zwischenzeitlich Phasen innerer Erfüllung schenkt. Wenn Erfahrung und ein Wissen um das, was geschieht, Hand in Hand gehen, werden Unsicherheit und Zweifel schwinden.

Der Betende wird mit Körper, Geist und Seele sowohl lichtvolle Zeiten erleben als auch fähig sein, dunkle Zeiten zu durchstehen. Mit der Ausrichtung auf Gott im Ruhegebet ist weder Konzentration noch irgendeine andere Anstrengung verbunden. Auf dieser Grundlage wird jegliches Beten letztlich zu einem Empfangen seiner Liebe und zur Einsicht in umfassendere Zusammenhänge. Zu den geistlichen Übungen, durch die man sich am ehesten Gott nähern kann, gehören das Lesen der Heiligen Schrift und hervorragender religiöser Bücher, die Betrachtung und das Ruhegebet sowie der Empfang der Sakramente. Das Ziel dieses Weges besteht nicht allein in der Erfüllung der Selbstverwirklichung, sondern darin, Liebe zu empfangen und Gott wiederzulieben. Viele »geistliche« Wege haben nur die Selbstverwirklichung zum Ziel. Wenn aber der Schöpfer außer Acht gelassen wird und nur eigene Vorteile im Mittelpunkt stehen, handelt es sich um Irrwege. Wenn dies die Perspektive ist, wird man sich selbst, andere Menschen und die gesamte Schöpfung in einem völlig falschen Licht sehen.

Der Sinn des Ruhegebetes besteht darin, feinfühliger zu werden für die leise Sprache Gottes, offen zu sein für seine Liebe und darin, seinen Willen zu unserem Willen zu machen. Die vom Grund der Schöpfung ausgehenden natürlichen und geistigen Kräfte möchten durch das Denken, Sprechen und Handeln ungehindert ihren Ausdruck finden. Das Ruhegebet dient dazu, Hindernisse auszuräumen: Angst, Zweifel, Verhaftetsein, Mittelmäßigkeit, Unruhe, Minderwertigkeitsgefühle, Ich-Sucht, Machtstreben, Antriebslosigkeit, Genusssucht. Geht der Betende – im Wissen, dass er erlösungsbedürftig ist – von der rechten inneren Haltung aus, darf er von Gott alles erwarten.

Erschaffe mir, Gott, ein reines Herz,
und gib mir einen neuen, beständigen Geist!
Verwirf mich nicht von deinem Angesicht,
und nimm deinen Heiligen Geist nicht von mir!
Mach mich wieder froh mit deinem Heil;
mit einem willigen Geist rüste mich aus!
Psalm 51,12–14

Lebt der Betende nach der cassianischen Weisung, werden Enge und Verkrampfung schwinden, und das Herz wird weit. Hält er sich an diese Gebetsweise, erfährt er innere Sicherheit und Freiheit. Er gewinnt Einsicht in Lebenszusammenhänge und kann zum Ratgeber für Fragende werden. Alle Menschen, die sich durch das Ruhegebet in den Willen Gottes einüben, geben nicht als Beweis des rechten Weges erhebende Gefühle an. Sie berichten von wesentlichen Veränderungen, die zum wahren Leben führen:

- Ihre Geduld und Ausdauer in bedrückenden Lebenssituationen verstärken sich.
- Sie sind in der Lage, den Willen Gottes bedenkenlos auszuführen.
- Sie lernen, bei Beleidigungen und Unrecht nicht aggressiv, sondern sachlich zu antworten.
- Mit Schwächen anderer Menschen können sie liebevoll umgehen, und bei Unvollkommenheiten üben sie Nachsicht. In Zeiten äußerer und innerer Bedrängnis können sie gelassen sein und auf Gott vertrauen.
- Sie spüren eindeutig, wann Schweigen und wann Reden angesagt ist.
- Sie öffnen vor Mitleid ihr Herz, wissen jedoch, wie sie sich beizeiten abgrenzen können.

- Sie besitzen ihre Gefühle und ihre Sinnlichkeit – und nicht umgekehrt.
- Sowohl im Glück als auch im Unglück bewahren sie Haltung und innere Ausgewogenheit.
- Sie handeln zwar spontan – jedoch wohl überlegt und klug.
- Machtstreben und Geltungssucht sind ihnen fremd.
- Sie fällen kein Urteil und reden nicht über andere Menschen.
- Sich selbst sehen sie im richtigen Licht und im rechten Verhältnis zu anderen und der Welt.
- Sie können – wenn es sein muss – verzichten und andere Menschen das gönnen, was sie entbehren.

Mit Unterstützung und Hilfe des Ruhegebetes sind sie in der Lage, diese Fortschritte weitaus besser und schneller zu erreichen als durch die stärkste Willensanstrengung.

- ZWEITE RÜCKBESINNUNG – NICHTS ERWARTEN UND KEINE OFFENBARUNGEN VERLANGEN

Die Erwartung eines Erfolges hemmt das Ruhegebet. Wenn man in diesem Gebet alles in die Hände Gottes legt und nichts mehr für sich zurückhält, schwinden wie von selbst alle Erwartungen und Hoffnungen auf Einsprechungen, Visionen, Erscheinungen und Offenbarungen. Schleichen sich derartige Wunschvorstellungen dennoch ein, sollte man sich erneut im Zurücknehmen und in Demut üben. Die Vorstellungskraft kann zu einer großen Gefahr werden und arg täuschen. Möchte der Schöpfer tiefere Einsichten schenken, wird er einen entsprechenden Weg finden, diese Geheimnisse zu offenbaren. Solche Zuwendung erfährt man so eindeutig und liebevoll, dass man weder daran zweifeln noch Angst zu haben braucht.

♦ DRITTE RÜCKBESINNUNG –

VORERST NICHT ÜBER ERFAHRUNGEN SPRECHEN

Ganz gleich, welcher Art die Erfahrungen sind: Man sollte hierüber nur zu einem vertrauten Menschen sprechen. Auch über ausbleibende Erfolge auf dem geistlichen Weg und über das, was an Gutem durch das Ruhegebet geschenkt wird, sollte nicht gesprochen werden. Man könnte sonst in zweierlei Weise jemanden von seinem Beten abhalten. Durch vorübergehend ausbleibende Erfolge, von denen berichtet wird, kann der Gesprächspartner abgeschreckt werden, sodass er mit dem Ruhegebet nicht einmal beginnen möchte. Berichtet man andererseits über gute Erfahrungen, kann er daraus fälschlicherweise nicht nur auf Askese und Enthaltung schließen, sondern auch das Ziel des Betens als so hoch und so entfernt von sich sehen, dass diese Art des geistlichen Weges ihn sogar abstößt.

Daher sollte man persönliche Glaubenserfahrungen vorerst nicht veröffentlichen, sie jedoch offen mit einem vertrauten Menschen besprechen. Bernhard von Clairvaux (12. Jh.), ein im Gebet höchst erfahrener Lehrer, gibt den Rat, folgenden Satz in großen Buchstaben in das Herz zu schreiben: »Mein Geheimnis bewahre ich für mich; mein Geheimnis bleibe bei mir.«

♦ VIERTE RÜCKBESINNUNG –

IN ALLEM BESCHEIDEN BLEIBEN

Im Ruhegebet sprechen wir den Höchsten an, dem wir alles verdanken. Da Gott uns nach seinem unergründlichen Ermessen Gaben gibt, sie uns wieder entzieht oder sie uns noch vorenthält, können wir niemals mit Bestimmtheit sagen, wann uns welche Zuwendungen geschenkt werden. Wir können ebenfalls nicht ergründen, wie wir bei Gott angesehen sind. Um auch bei großen Gnadenzuwendungen nicht überheblich zu werden, sondern demütig und bescheiden zu bleiben, sollten wir uns des Öfteren unsere Fehler und unsere Unvollkommenheit vor Augen führen. Wir können und dürfen selbstverständlich fliegen, solange uns der Schöpfer Flügel verleiht. Wir sollten jedoch nichts als selbstverständlich erachten und auch damit zufrieden sein, wenn wir vorerst wieder zur Erde zurückkehren müssen, um sie zu bestehen. Wir müssen in Hochachtung vor der Schöpfung und ihrem Schöpfer lernen, aus seiner Hand das anzunehmen, was er für uns vorgesehen hat.

- ### Fünfte Rückbesinnung –
  ### Nichts darf davon abhalten, das Ruhegebet zu pflegen

Wer man auch ist und wo immer man im Leben steht: An keinem Tag sollte man es unterlassen, dem Herrn eine bestimmte Zeit zur Verfügung zu stellen. In jedem Fall sollte man die Zeit einhalten, die man sich vorgenommen hat. Von allen Beschäftigungen und Verpflichtungen – so edel und caritativ sie auch sein mögen – soll man sich lösen, um sich für das Ruhegebet zurückzuziehen. Nicht nur der Körper und die Sinne benötigen Nahrung, Ausgleich, Entlastung und Pflege, sondern in einem ganz besonderen Maße auch die Seele. Durch das Ruhegebet werden Kräfte gesammelt, die das ganze Leben bestimmen, es zu Höherem erheben und auch dann weiter tragen, wenn die eigenen Kräfte versagen.

Bei Überbeanspruchung, in Zeiten der Trauer, bei beruflichen Anstrengungen und bei allen außerordentlichen schwerwiegenden Ereignissen wie auch an Festtagen und in Zeiten besonderer Freude hilft es, wenn man sich ein drittes

Mal zum Ruhegebet zurückzieht. Das Gleichgewicht wird gekräftigt oder wiedergefunden und all das leichter bewältigt, was bewegt. Der vielbeschäftigte und beanspruchte Geist wird vorübergehend von der Außenwelt zurückgezogen, sodass er im Inneren bei sich selbst einkehren kann.

◆ Sechste Rückbesinnung –
Keine Nachlässigkeit oder Übertreibung

Man muss sehr aufpassen – besonders, wenn man diesen geistlichen Weg allein geht – dass man weder dem einen noch dem anderen Extrem verfällt. Nimmt man das Gebet nicht so wichtig und führt es nachlässig aus, kann man keine tief greifenden Veränderungen erwarten. Anfangs gehört unabdingbar eine gewisse Disziplin dazu, sich regelmäßig zum Gebet zurückzuziehen. Mit der Zeit jedoch verlangen Körper, Geist und Seele von selbst nach der inneren Ruhe, die während des Gebetes erfahren wird. Man sollte sich nicht für besonnen und besonders klug halten, wenn man meint, das Ruhegebet nicht nötig zu haben oder es nur von Zeit zu Zeit nach »Bedarf« auszuüben. Der Segen liegt in der Regelmäßigkeit, in der Beharrlichkeit und in der Ausdauer.

Die geistlichen Übungen zu übertreiben, bedeutet für Körper, Geist und Seele größte Gefahr. Ist auch die Erfahrung, die man mit dem Beten macht, noch so erfüllend, so darf man sich nicht maßlos dem Gebet hingeben und dabei seine täglichen Pflichten vernachlässigen. Die menschliche Natur – vornehmlich die Psyche und das Nervensystem – ist einer übermäßigen Entspannung und zu langen Ruhephasen nicht gewachsen. Daher muss man maßvoll, behutsam und liebevoll mit sich selbst umgehen. Übertreibungen des Ruhegebetes machen unfähig zum wahren Leben. Es ist daher wichtig, besonders am Anfang des Weges einen geistlichen Begleiter zur Seite zu haben oder jemanden, dessen Wort einem viel bedeutet. Thomas von Kempen (15. Jh.) sagt zwar, dass die Unbesonnenheit und die Nachlässigkeit weitaus schwerer zu heilen sind als die Übertreibung – doch seelische Krankheiten, die durch Fanatismus und übertriebenes Beten verursacht werden, wiegen genauso schwer.

◆ Siebte Rückbesinnung –
Einseitigkeit und Fanatismus sind zu meiden
Viele Menschen, die gute wie auch außerordentlich gute Erfahrungen mit dem Ruhegebet gemacht haben, verfallen dem Wahn, in dieser Gebetsart liege alles und allein sie führe zum Heil. Vor lauter Einseitigkeit und Übereifer engt sich ihr Blickwinkel ein und sie beginnen, fanatisch zu werden. Dabei vernachlässigen sie ihre täglichen Aufgaben und Pflichten und werden krank. Man kann sich nicht nur einseitig auf einen Pfeiler stützen. Das Lebensgebäude – und dazu gehört auch das Gebäude des geistlichen Lebens – wird von vielen Elementen und Pfeilern getragen. Um nicht der Gefahr des Einsturzes zu unterliegen, ist der Mensch auf die Tragkraft aller angewiesen. Das Ruhegebet ist nur ein – wenn auch sehr wesentliches – Element im Leben. Das Fortschreiten besteht zumindest aus zwei einander abwechselnden Phasen: der Ruhe und der Aktivität. Während das eine Bein nach vorn bewegt wird, ruht das Körpergewicht auf dem anderen. Nur durch einen ausgewogenen Wechsel ist Fortschritt möglich. Wie viele verschiedene Elemente müssen dann erst bei einem geistlichen Fortschritt ins Schwingen kommen.

Der Mensch sollte daher seine Aufmerksamkeit nicht einzig und allein auf das Ruhegebet lenken. Auch durch tieferen Einblick in das Leben muss Einsicht gewonnen werden, um herauszufinden, was zur rechten Zeit das Rechte ist. Die Bitte um die Gabe der Unterscheidung ist wichtig, damit man aus der Vielfalt der Möglichkeiten das für einen selbst Richtige wählt. Nur durch das Anschwingen einer einzigen Saite kann die Lebensmelodie nicht erklingen. Auf einer Gitarre mit nur einer Saite ist keine Melodie zu spielen. Sie kommt nur zum Klingen, wenn alle Saiten angeschlagen werden. Wendet man sich nur einem Aspekt seines religiösen Lebens zu, dann kann man den Vollklang und die Harmonie des geistlichen Lebens niemals erreichen. Bei einer mechanischen Uhr müssen alle Räder stimmig ineinander greifen, um die Uhr zum Laufen zu bringen und in Gang zu halten. Wenn dagegen nur ein Rad richtig funktionieren würde, zeigten die Zeiger nicht nur eine falsche Zeit an, sondern die Uhr würde stehen bleiben. Damit das äußere und das innere Leben sich entfalten können, müssen verschiedene Komponenten folgerichtig und stimmig ineinander greifen. Die Chancen sollten wahrgenommen werden, die sich auch im täglichen Leben mehrfach anbieten.

◆ ACHTE RÜCKBESINNUNG –
AUF GOTT SEIN VERTRAUEN SETZEN

Alles, was zur Förderung der geistig-geistlichen Entwicklung und zur Bereitschaft und Fähigkeit, gut zu handeln, gesagt wurde, ist eine Vorbereitung zum Empfang göttlicher Gnade. Daher soll das Vertrauen nicht einzig und allein auf die vorbereitenden Mittel gesetzt werden, sondern einzig und allein auf Gott selbst. Mit dem Ergründen und Kennenlernen des Selbst und mit der Betrachtung der Werke des Schöpfers und des irdischen und ewigen, göttlichen Lebens Jesu beginnt man immer wieder neu. Dies gilt auch für die Einübung in das Ruhegebet, das durch tiefes Schweigen in die Nähe Gottes führen möchte. Eine Meisterschaft und Vollkommenheit wie man sie durch das Erlernen eines Handwerks erreichen kann, wird einem auf dem inneren Weg des Gebetes in dieser Welt und Zeit niemals zuteil. Man kann die Gnade nicht zu einer Kunst degradieren, die menschlichen Vorschriften und Ansichten unterliegt. Gnade, die man empfängt, ist eine reine Gabe Gottes, eine freie Zuwendung, die von Menschen nicht bestimmt werden kann. Sie strömt aus der unermesslichen Barmherzigkeit Gottes – nach seinem Willen und nach seiner göttlichen Vorsehung.

Das Ruhegebet ist eine Bereitung zum Empfang der zugedachten Gnade. Von uns aus können wir Wesentliches dazu beitragen, indem wir Ungutes meiden, Hindernisse in uns abbauen und uns immer wieder im Gebet der Hingabe und des Schweigens empfangend öffnen. Wir bereiten den Weg und halten die Tür zu unserem Inneren geöffnet, damit uns die Liebeszuwendungen des Schöpfers erreichen und er in Jesus Christus und im Heiligen Geist in unserer Seele gegenwärtig sein kann.

> Ich stehe vor der Tür und klopfe an. Wer meine Stimme hört und die Tür öffnet, bei dem werde ich eintreten, und wir werden Mahl halten, ich mit ihm und er mit mir. *Offenbarung 3,20*

Man kann bereits hier und jetzt notwendige Vorbereitungen für diese Begegnung Gottes mit dem Menschen treffen:

- Eigene Fähigkeiten und Schwächen erkennen, Grenzen wahrnehmen und akzeptieren.
- Demütig und nicht überheblich oder anmaßend sein. Klare Entscheidungen treffen und in allem eindeutig sein.
- Gott anerkennen – den Schöpfer des Himmels und der

Erde. Ihm, dem Geber alles Guten, verdanken wir unser Leben.

- Auf dem Weg des Ruhegebetes bleiben und ihn konsequent gehen.
- Nicht verzagen, wenn man vorübergehend ein schweres Kreuz zu tragen hat.
- Nicht zu danken vergessen, wenn man das Kreuz überwunden hat und teilhaben darf an der lichtvollen Auferstehung Jesu Christi.
- Auf Gott sein Vertrauen setzen.

Fragen und Antworten zu diesem Kapitel:

1. Worin besteht der Unterschied zwischen Betrachtung und Ruhegebet?

Die Betrachtung ist wie ein Aufbruch und ein Suchen, ein Vorstellen und Erwägen der Wahrheit. Während des Ruhegebetes kommt der Betende ganz zur Ruhe und genießt das Gefundene. In der Betrachtung wird die geistig-seelische Speise bereitet und im Ruhegebet verkostet. Die Betrachtung ist der Weg und die Bewegung, das Ruhegebet das Ziel des Weges und der Endzweck der Handlung. Um hierher zu gelangen, werden alle Vorstellungsbilder und Gedanken aufgegeben. Tiefe Ruhe schenkt sich dem Betenden und er ist ohne besondere Betrachtung ganz auf Gott ausgerichtet. Das Ziel und die Frucht dieses Gebetes liegen vorerst in der Ruhe für Körper, Geist und Seele. Das Endziel jedoch ist ein Empfangen der Liebe Gottes und eine Gott-Verbundenheit, die auch außerhalb des Gebetes beständig ist. Der Verstand, der bei der Betrachtung noch voll aktiv ist, kann beim Ruhegebet die Hinwendung nach innen nicht mehr mitvollziehen. Es findet eine Bewegung in den eigenen Seelengrund statt, wo die leise Sprache Gottes ohne Worte wahrzunehmen ist. Um Gott zu lieben, bedarf es letztlich weder der Betrachtung noch des Nachdenkens.

2. *Warum bleiben häufig die wohltuenden Erfahrungen der Ruhe während des Gebetes aus? Ich erwarte von diesem Gebet viel, habe jedoch den Eindruck, wenig zu erreichen. Was ist Gott-Verbundenheit, von der so oft gesprochen wird und auf die ich warte?*[88]

Wenn Sie Erwartungen an das Ruhegebet hegen, sind Sie in gewisser Weise bereits blockiert und nicht mehr offen für den, der Ihnen seinen Willen und seine Liebe kundtun möchte. Gehen Sie daher unbekümmert und vorbehaltlos in das Gebet, das Sie niemals meiden sollten – auch wenn sich vorübergehend kein Erfolg einstellt. Gewiss strömen uns immer göttliche Liebesimpulse zu; wir sind jedoch oft nicht in der Lage, diese feinen Schwingungen wahrzunehmen. Vertrauen Sie darauf, dass nur etwas Gutes in Ihrem Gebet geschehen kann, und unterbrechen Sie die Gebetspraxis auch dann nicht, wenn Sie vordergründig keinen Erfolg verspüren. Überlassen Sie sich ganz dem Herrn. Er wird für Sie zur rechten Zeit sorgen, da er es unendlich gut mit Ihnen meint.

Als Erstes wird durch das Ruhegebet der Weg frei gemacht für eine Begegnung des Himmels mit der Erde. Sie erfolgt an dem geheimsten Ort der Schöpfung, in unserer Seele. Gott, der himmlische Vater, ist langmütig und hat unendliche Geduld mit uns. Haben wir uns von ihm und unserem inneren Wesen durch Fehler, Sünden und falsche Entscheidungen entfernt und damit Hindernisse aufgeschichtet, wird es eine gewisse Zeit dauern, bis sie vergeben und aufgelöst sind. Haben Sie Geduld – wie auch der Schöpfer unendliche Geduld mit uns hat. Die Durststrecke, die Sie eventuell zu durchschreiten haben, gereicht Ihnen zu großem Nutzen. Bis in die feinsten Bereiche werden Blockaden abgebaut, die einer Verbindung mit Gott im Wege stehen. Der Abbau und die Auflösung dieser Hindernisse erfolgen so sanft und unmerklich, dass Sie es kaum wahrnehmen. Wenn Sie auch das Empfinden haben, dass nichts mit Ihnen geschieht, so geschieht doch viel. Sie dürfen sicher sein: Ihr geistliches Leben macht durch das Ruhegebet Fortschritte, die sich Ihnen im Nachhinein zu unbestimmter Zeit überraschend offenbaren. Sowohl Ihre Einstellung zum Ruhegebet als auch Ihr momentanes Empfinden beim Beten sind in keiner Weise entscheidend. Einzig und allein entscheidend ist, dass Sie Gott im Gebet einen Teil der Zeit, die er Ihnen als Lebenszeit schenkt, zurückschenken und Sie sich auf ihn ausrichten. Das uns Zukommende und für uns Notwendige muss nicht unweigerlich wohltuend und angenehm sein. Vorarbeiten und Vorbereitungen zu einem Fest der Begegnung beinhalten zwar die Freude auf das Fest, fordern jedoch zunächst Aufwand und Geduld.

Setzen Sie Ihr Gebet mit Sorgfalt und innerer Wachheit fort – in Hingabe, ohne irgendeine Erwartung. Mischen Sie sich während des Gebetes und des Schweigens vor Gott nicht in etwas ein, was von selbst aufbrechen und sich Ihnen offenbaren möchte. Seien Sie beharrlich im Gebet, ohne nach dem zu fragen, was Sie dafür bekommen. Greifen Sie nicht in den Plan Gottes ein. Durch Demut, Hingabe und Beharrlichkeit ersetzen wir den vermeintlichen Mangel an Gnade. Das Gleichnis von der Witwe, die nicht nachlässt, sich immer wieder an den Richter zu wenden, bis er ihr zu ihrem Recht verhilft, möchte die Beständigkeit im Beten ausdrücken.

> Sollte Gott seinen Auserwählten, die Tag und Nacht
> zu ihm rufen, nicht zu ihrem Recht verhelfen, sondern
> zögern? *Lukas 18,7*

*3. Was kann ich gegen die vielen störenden Gedanken tun,
die während des Betens in mir aufsteigen? Ich habe den
Eindruck, überhaupt nicht richtig beten zu können. Soll
ich das Ruhegebet unterbrechen und zu anderer Zeit neu
beginnen?*

Kommen Gedanken, Vorstellungen und Bilder während des
Ruhegebetes, so schenken wir ihnen keine besondere Aufmerksamkeit, damit sie nicht Gewalt über uns gewinnen.
Geben Sie dem Gebet den Vorrang und lassen die Gedanken
kommen und gehen – hängen ihnen jedoch nicht nach. Jegliche Anstrengung, gegen die Gedanken anzukämpfen oder sie
gar zu verdrängen, ist fehl am Platz. Wenden Sie sich immer
wieder dem Gebet und damit der Anrufung Gottes zu, werden die Gedanken niemals die Oberhand gewinnen. Wenn
unser Inneres statt der lang ersehnten Früchte vorerst nur
Disteln und Dornen hervorbringt, so wissen wir, dass wir sie
haben wachsen lassen. Der Herr wird helfen, den Nährboden
unserer Seele von allem Unkraut und Unrat zu reinigen, damit er Gutes hervorbringen kann. Nehmen Sie nach kurzer
Unterbrechung durch die Flut der Gedanken das Gebetswort
des Ruhegebetes wieder auf und lassen sich durch nichts beirren. Der Herr wird sich uns niemals entziehen – wir selbst
sind es, die sich immer wieder von ihm trennen. Selbst wenn
Sie Ihr Beten nicht als solches erleben, so geschieht doch gerade in dieser Zeit etwas sehr Wesentliches. Der Weg in eine
größere Glaubenstiefe und damit in die Nähe Gottes wird

III. Anleitung zum Ruhegebet

von Schlacken befreit, damit Sie als Geschöpf die Liebe des Schöpfers neu empfangen können. Spüren Sie den Wunsch, noch vor Beendigung Ihrer Gebetszeit wegen zu vieler fremder Gedanken zu unterbrechen und aufzustehen, geben Sie nicht nach. Kehren Sie nach allen vorübergehenden Ablenkungen zu Ihrem Gebet zurück und halten die festgesetzte Zeit ein.

4. *Es kommen Gedanken und Gefühle gegen Gott auf, die mich sehr belasten. Ich bin darüber erschrocken. Wie soll ich damit umgehen?*

Im Aufkommen derartiger Gedanken und Gefühle liegt eine große Gefahr, mit dem Ruhegebet aufzuhören oder sogar jeglichen Gottesdienst zu meiden. Hier gilt die gleiche Anweisung, wie Sie sie schon des Öfteren gehört haben: Wenn zu viele und fremde Gedanken Ihr Ruhegebet stören wollen, geben Sie der einfachen Gebetsanrufung Gottes den Vorrang und versuchen, die Gedanken und Gefühle, die Sie von Gott trennen wollen, einfach nicht zu beachten. Lassen Sie sie an sich vorüberziehen im Wissen, dass sie den Weg frei machen für eine größere Innerlichkeit und Gottesnähe. Lassen Sie es also keinesfalls zu, dass gotteslästerliche Gedanken und Gefühle dieser Art Sie besetzen. Schieben Sie aber auch nichts in Ihr Inneres gewaltsam und »willensstark« zurück. Alles, was seinen Weg nach außen findet, belastet und beeindruckt Sie nicht mehr. Lassen Sie jeglichen Ausdruck zu, denn er macht den Weg frei für Größeres und Erhabeneres.

Selbst wenn in Ihnen Widerwille aufsteigt, so ist auch dieses Gefühl nur vorübergehend. Halten Sie also durch und lassen sich durch nichts beirren. Dunkle Gefühle sollen Sie nicht auf- und zurückhalten. Nehmen Sie sie wahr, halten Sie sich nicht lange bei ihnen auf und kehren zu ihrem Gebetswort zurück. Fürchten Sie sich nicht davor, wenn diese Gefühle in Ihnen aufsteigen und sich zu zweifelnden Gedanken entwickeln. Die Furcht verstärkt nur diese dunklen Kräfte, die vorübergehend den Zugang zum Licht versperren.

Als jemand einen Weisen fragte, warum er sich nicht einfach vor einen Zug werfen solle, während er sein Gebetswort spricht, und so Erlösung erlangen könne, ohne all die Jahre weiter zu üben, machte der Weise deutlich, dass dann sein letzter Gedanke nicht das Gebet sei, sondern der »Ich-Gedanke«.

5. Mein vorgestellter Glaube beginnt zu bröckeln. Glaubenszweifel und Gedanken des Unglaubens bemächtigen sich meiner. Bevor ich mit dem Ruhegebet begann, war mein Glaube stabiler. Widerspricht das nicht dem Ziel des Betens?

Ein vorgestellter Glaube, der uns von außen her anerzogen wurde oder den wir uns durch Lesen und Denken angeeignet haben und der vielleicht unserer Wunschvorstellung entspricht, hat nur sehr wenig mit dem wahren inneren Glauben zu tun. Der wahre innere Glaube, dessen Wurzeln sich in unserer Seele gründen, hat die Eigenschaft – wenn er durch das Ruhegebet wie auch durch Lebenserfahrung wächst – sich nach außen zu entfalten. Bei dieser unaufhaltsamen Bewegung bricht alles im Wege Stehende auf, beginnt nichtig zu werden und fällt von uns ab. Glaubenszweifel und Gedanken des Unglaubens bilden eine Zwischenstufe, auf der unser angeeigneter Glaube zu bröckeln beginnt, die innere Glaubenskraft aber noch nicht so stark entwickelt ist, dass sie uns trägt. Es dauert oft einige Zeit, bis wir die heranwachsende neue Dimension klar wahrnehmen können. Seien Sie sich bewusst, dass Ihr wahrer innerer Glaube noch sehr schwach ist und großer Unterstützung bedarf. Das liebende Entgegenkommen Gottes und seine Gnadenzuwendung werden helfen, Unsicherheit und Zweifel in Sicherheit und Gewissheit zu verwandeln. Versuchen Sie beim Einstieg in das Ruhegebet den Schöpfer als den je Größeren anzusehen und ihn in Demut und Ehrfurcht bei seinem Namen anzurufen. Abwägende oder gar richtende Gedanken mögen einer unvoreingenommenen kindlichen Haltung weichen.

Der Herr wird eher Kindern seine Geheimnisse offenbaren als krampfhaft und kompliziert denkenden Erwachsenen. Streben Sie nicht vorschnell danach, Gründe und Ursachen Gottes erforschen oder kennenlernen zu wollen. Schließen Sie daher erst einmal während des Ruhegebetes die Augen des Verstandes und öffnen die Ihrer Intuition und Ihrer Seele – das heißt, seien Sie offen und unbedarft dem gegenüber, was sich Ihrem Inneren offenbaren möchte. Sie werden Einblick gewinnen in umfassendere Lebens- und Glaubenszusammenhänge. Die Augen der Seele werden zu Fenstern in die Ewigkeit. Sie öffnen ihnen den Blick in die Gründe und für die Ursachen Gottes, damit Sie mehr und mehr seine Werke erfassen und lieben dürfen. Die lichtvollen Geheimnisse Gottes offenbaren sich daher Ihrer Seele, weil sowohl die menschlichen Augen als auch die des Verstandes nicht fähig sind, ein so großes und reines Licht wahrzunehmen.

Unglaube und Zweifel können unheimliche und widerwärtige Empfindungen in uns auslösen und zu der irrigen Überzeugung führen, es gäbe keinen Gott. Wenden Sie sich daher in Zeiten des Übergangs in besonderer Weise dem Ruhegebet zu – ungeachtet Ihres vermeintlichen Unglaubens und Ihrer Zweifel. Sie dürfen davon ausgehen, dass es der Herr unendlich gut mit Ihnen meint und dass – nach überstandener Durststrecke – etwas sehr Gutes mit Ihnen geschieht.

*6. Manchmal habe ich Angst, mich loszulassen, um mich
auf das Ruhegebet einzulassen. Ich empfinde mich zeitweilig außerhalb meiner Verantwortung. Ist dies richtig
und normal?*

Seien Sie dankbar, wenn die Auswirkungen des Ruhegebetes
bereits soweit reichen, dass Ihnen ein Stillsein vor Gott geschenkt wird, eine Stille, die Sie in dieser Tiefe vorher nicht
kannten. Angst sei Ihnen fern, denn nichts kann Ihnen passieren, lassen Sie sich vertrauend in die Hände Gottes fallen. Beweisen Sie sich jetzt darin, angst- und bedenkenlos
mit der Übung des Ruhegebetes fortzufahren, anstatt vor
Ihrer Angst zu fliehen und die Stille aufzugeben. Halten Sie
durch im Wissen, dass mit Ihnen Großes geschieht. Im tiefen
Schweigen erfahren Sie eine zunehmende Nähe zur Ewigkeit.
Die Grenzen von Raum und Zeit lösen sich auf dem Weg
dorthin auf. Lassen Sie diese Entgrenzung in sich zu, wird
Ihre Innerlichkeit wachsen, und nach dem Gebet werden Sie
sich innerhalb der Grenzen weitaus besser behaupten können.
Während des Ruhegebetes sind Sie in besonderer Weise von
guten, wirkmächtigen Kräften umgeben, die wir Engel nennen. Sie wachen darüber, dass uns kein Leid zugefügt wird
und alles zu unserem Heil geschieht.

*7. Oft überfällt mich Müdigkeit, und ich schlafe schon
während des Ruhegebetes ein. Das ärgert mich. Was
kann ich dagegen tun?*

Schlafen Sie während des Ruhegebetes ein, ist dies ein Zeichen, dass Sie übermüdet sind und Ihr Körper dringend
Schlaf benötigt. Geben Sie diesem Bedürfnis nach und lassen sich nicht irritieren. Erfahrungsgemäß kehren Sie schon
nach kurzer Zeit in das Wachbewusstsein zurück und können erfrischt das Gebet fortsetzen. Wiederholen Sie die An-

rufung Gottes so lange anstrengungslos und sanft, bis Sie im Schweigen tiefere und heilsame Ruhe erfahren. Sie werden nach gegebener Zeit gestärkt vom Gebet aufstehen. Ist die Zeit Ihres Gebetes gekommen, sollten Sie selbst bei Müdigkeit mit dem Ruhegebet beginnen – auch auf die »Gefahr« hin, einzuschlafen. Entweder strömen Ihnen sofort energiereiche Kräfte zu oder Sie werden sich nach einem kurzen Schlaf hellwach finden. Gehen Sie dann nochmals über zum Ruhegebet, um es nach einer gewissen Zeit bewusst mit dem Wort »Amen« zu beenden. Sollte während des Betens der Schlaf Sie aus reiner Trägheit überfallen, fragen Sie sich, ob Sie unmäßig viel gegessen oder alkoholische Getränke zu sich genommen haben. Nehmen Sie sich vor, sich im Essen zu mäßigen und enthalten Sie sich berauschender Getränke. Stillen Sie Ihren Durst mit klarem Wasser. Bitten Sie vor allem den um Hilfe, der immer bereit ist, sie uns zu geben.

8. *Ich fühle eine Abneigung gegen die Wörter »geistliche Entwicklung«, »innerer Fortschritt«, »Ruhe der Seele«, denn ich kann nichts davon bei mir feststellen. Dann wiederum überfallen mich Vorstellungen von eigener »Heiligkeit«. Wie kann ich diese Empfindungen erklären?*

Schwanken Sie zwischen so entgegengesetzten Haltungen, sollten Sie zunächst aufhorchen und ihnen nachspüren. Auf der einen Seite erleben Sie eine Abneigung gegen Formulierungen des geistigen Weges – auf der anderen Seite bemächtigen sich Ihrer überzogene Wunschvorstellungen. Glaubenserfahrungen, vor allem jedoch mystische Erfahrungen, in Worte zu fassen, ist nicht einfach. Stören Sie die Begriffe, die selbst ja nur Fragment sind, sollten Sie nicht so viel lesen und sich weitaus mehr als sonst der Praxis des Ruhegebetes zuwenden. Wenn Sie aus Ihrer eigenen Erfahrung mehr und mehr eine Ahnung davon bekommen, was Schweigen vor Gott bedeutet, wird Ihre Abneigung gegen bestimmte Formulierungen dieses geistlichen Weges schwinden. Worte sind nicht entscheidend und wichtig, sondern einzig und allein das, was Sie in sich erfahren und was Ihren wahren inneren Glauben ausmacht.

Stützen Sie sich nicht allein auf sich selbst und Ihre eigenen Kräfte – verlassen Sie sich vielmehr vertrauend auf die göttliche Gnade. Misstrauen Sie eher ihren austauschbaren Meinungen und wechselhaften Gefühlen. Gründen Sie dagegen Ihre Hoffnung auf die Güte Gottes, dem nichts unmöglich ist. Denken Sie nicht über Ihre sogenannte Heiligkeit nach. Wenn Sie es tun, so ist dies ein sicherer und einleuchtender Beweis, dass Sie noch weit von einer wahren Heiligkeit entfernt sind. Ein guter Rat, sowohl die Abneigung als auch die Vermessenheit in den Griff zu bekommen, besteht darin, über das Leben der Heiligen oder gar ihre Selbst-Biografien zu lesen. Sie werden feststellen, wie steinig auch ihr Weg war.

9. *Durch das Ruhegebet wird mein Hunger sowohl nach religiösem Wissen als auch nach entsprechender Erfahrung immer größer. Wie soll ich dem begegnen – und was ist zu tun?*

Seien Sie dankbar, dass sich dieser Wunsch in Ihnen entfaltet. Gehen Sie jedoch behutsam vor und übertreiben nichts. Damit Sie intellektuell den Bogen nicht überspannen und andererseits um das, was Sie erfahren, wissen sollten, müssen Erfahrung und Wissen Hand in Hand gehen. Diese Entwicklung zu einem erlebten und gelebten Glauben vollzieht sich oft nur langsam. Werden Sie daher nicht ungeduldig und übertreiben weder in die eine noch in die andere Richtung Ihr Wollen und Tun. Es ist uns nur vergönnt, in einen begrenzten Teil des Wissens einzusehen. Dies erfolgt schrittweise zusammen mit unserer diesbezüglichen Erfahrung. So hoch wir den Wert der Wissenschaften auch ansetzen mögen: Letztlich übertrifft die göttliche Weisheit alles menschliche Wissen und all unsere Klugheit. Üben Sie sich daher zuerst durch das Ruhegebet im Empfangen der göttlichen Liebe. Alles andere – wie die Aufbereitung und Vervollständigung Ihres Wissens – folgt danach. Am Ende werden wir bestimmt nicht danach befragt, was wir alles gelesen und an Wissen gespeichert haben – wir werden danach befragt, ob und wie viel Liebe wir geschenkt haben.

10. Nach dem Ruhegebet fühle ich einen unbändigen Drang, anderen Menschen zu helfen, sie auf den »rechten« Weg zu bringen und beruflich mehr und Wesentlicheres zu tun als das, was ich bisher geleistet habe. Ist dies eine nur vorübergehende Erscheinung? Sollte ich dem nachgeben?

Auch hier dürfen wir uns darüber freuen, wenn unsere Liebe zu anderen Menschen und unsere Lebenskraft überströmen. Bedenken Sie vor allem jedoch: Sie können nur das geben und einsetzen, was Sie haben und worüber Sie verfügen. Sich gänzlich für andere »aufzuopfern« ist falsch verstandene Nächstenliebe. Sie schadet ihnen und letztlich dem anderen ebenso. Überdenken Sie Ihren unbesonnenen Eifer, anderen helfen zu wollen, und halten sich zurück. Kümmern Sie sich nur insoweit um die Gewissensangelegenheiten anderer Menschen, wie Ihr eigenes Gewissen dadurch nicht belastet wird.

Maßen Sie sich unter keinen Umständen an, jemanden auf den »rechten« Weg bringen zu wollen. Drängen Sie sich nicht auf, sondern halten sich eher zurück. Stellen Sie Ihr Leben nicht allein unter das Prinzip der Leistung und verlangen von sich nur das, was möglich ist. Richten Sie Ihr persönliches und berufliches Leben so ein, dass hinreichend Zeit übrig bleibt, um im Gebet die innere Ruhe und den Frieden Ihrer Seele zu pflegen. Übertreiben Sie nichts – weder Ihre Aktivität noch die Zeit, die Sie für das Gebet verwenden. Finden Sie Ihre ausgewogene Mitte, aus der Sie handeln, ohne Ihre innere Ruhe zu verlieren. Paulus nennt diese Haltung »Wandeln im Geiste Gottes«.

Leben Sie vom Urgrund allen Seins und von der Wurzel alles Guten, wird Ihr Ruhegebet einen solchen Reichtum und eine solche Tiefe gewinnen, dass Ihr Leben in jeglicher Hinsicht gelingt: Sie werden in Ihrem inneren und äußeren Leben Erfüllung finden und eine Gewissheit in sich tragen, dass Sie – was auch immer kommen mag – in der Liebe Gottes geborgen sind.

6. Kapitel
Vollkommenheit des Ruhegebetes

Nachdem das Ruhegebet in unserem Bewusstsein verankert ist und durch die ständige Anwendung und Wiederholung dieses Verses bewirkt, dass die gedankliche Aktivität abnimmt und aller geistige Besitz losgelassen wird, kann der Geist einfach und leicht in der strengen Armut dieser kurzen Anrufung schwingen, bis jener Glückszustand erreicht ist, den das Evangelium »selig« nennt. So ist auch die erste Seligpreisung zu verstehen: »Selig sind die Armen im Geist, denn ihrer ist das Himmelreich« (Matthäus 5,3). Wer diese Armut im Geiste erlangt hat, für den erfüllt sich das Wort: »Arme und Gebeugte sollen deinen Namen rühmen« (Psalm 74,21b).

Kann es eine größere und heiligere Armut[89] geben als diese, in der wir erkennen, dass wir aus uns selbst kraftlos sind und darum fremder Hilfe bedürfen? Hängt doch unser ganzes Leben und Wesen in jedem Augenblick und letztlich von Gott und seiner liebenden Zuwendung ab. Deshalb dürfen wir uns als wahrhaft Bittende vor dem Herrn bekennen: »Ich bin arm und gebeugt; der Herr aber sorgt für mich. Meine Hilfe und mein Retter bist du. Mein Gott, säume doch nicht!« (Psalm 40,18).[90] Der Untenstehende wird langsam aufsteigen und auf vielfältige Weise die Spuren Gottes erkennen, wobei Gott selbst ihn einführt in tiefe und noch verborgene Schöpfungszusammenhänge.

Der Ruf »Selig, die arm sind vor Gott« löst für den menschlichen Verstand ein Paradoxum aus, das nicht begriffen werden kann. Wenn Cassian zum Ausdruck bringt, dass die Fülle und der Reichtum des Ruhegebetes in seiner Armut liegen, so bedeutet dies für das Denken einen Widerspruch. Für denjenigen jedoch, der die Erfahrung des Armseins vor Gott im Gebet gemacht hat, ist dieses Wort Jesu nicht nur verständlich und einsehbar, sondern es wird für ihn auch zur Erfüllung.

Zwei Brüder kamen zu einem Altvater, der zurückgezogen in der sketischen Wüste lebte. Der erste sagte zu ihm: »Ich habe das ganze Neue und Alte Testament auswendig gelernt!« Der Alte entgegnete: »Du hast die Luft mit Worten angefüllt.« Da sprach der zweite: »Und ich habe das ganze Alte und Neue Testament abgeschrieben und trage es hier in meinen Händen!« Und diesem entgegnete er: »Du hast dein Kellion mit Papier angefüllt. Kennt ihr nicht den, der gesagt hat: Nicht in Worten erweist sich die Herrschaft Gottes, sondern in der Kraft [1 Korinther 4,20].[91] Da fragten die Brüder den Altvater, wie es denn möglich sei, diese Kraft zu erlangen. Er sagte zu ihnen: »Wenn ihr stetig die Herzensruhe durch das Ruhegebet übt, ist der Anfang getan. Zu diesem Tun genügt Weniges. Ohne Auswendiglernen und Abschreiben wird euch das Wesentliche durch die strenge Armut einer kurzen Gebetsanrufung von selbst zufallen.«

Cassian weiß, dass dieses Gebet – vorausgesetzt, es wird täglich geübt – seine Wurzeln in die tiefe Innerlichkeit des Menschen treibt und ihn dadurch mit der göttlichen Dimension, die verborgen in der menschlichen Seele ruht, nicht nur verbindet, sondern sie auch im Bewusstsein lebendig sein lässt. Da Cassian jetzt die Praxis des Ruhegebetes voraussetzt, kann er größere Zusammenhänge ansprechen wie zum Beispiel das Seligkeitsbewusstsein und den Grund und das Wesen der Heiligen Schrift. Wenn im Ruhegebet mehr und mehr die gedankliche Aktivität abnimmt und damit aller geistige Besitz losgelassen wird, entsteht eine Armut im Geist, von der das Evangelium spricht. Jesus meint mit diesem Armsein auch, dass vom Menschen keine Vorleistung gefordert wird, um befreit und geheilt zu werden. Dieses Armsein im Geiste vor Gott kann nicht willentlich erreicht werden, sondern nur durch Übung der Hingabe.

Damit der menschliche Geist im Ruhegebet keine eigenen Wege geht und keine Gedanken, Vorstellungen und Bilder aufnimmt, wird er mit einer ganz, ganz feinen Aktivität betraut: dem Gebetswort, das eine Anrufung Gottes zum Inhalt hat. Dieses Wort ist in der Gebetstradition ein sehr kurzes, sodass Cassian von »der strengen Armut der kurzen Anrufung« sprechen kann. Im Vergleich zu den Psalmen oder zu persönlich formulierten Gebeten kann das Gebetswort im Ruhegebet durchaus als arm bezeichnet werden. Wenn es jetzt in seiner schlichten Wiederholung zum einzigen geistlichen Inhalt des Betenden wird, kann man von einer Armut des Geistes sprechen. Nur, wenn man selbst nichts mitbringt vor Gott, ist man auch frei für ihn, um zu empfangen. Es geht darum, im Ruhegebet Gott unser ganzes Dasein zu überlassen und somit arm vor ihm zu werden. Diese Armut, die der Betende im Ruhegebet einübt, indem er alles hingibt und Gott überlässt, ist die bestmögliche Voraussetzung, das Angenommen-Sein durch Gott und die Erlösung zu erfahren.

Viele Menschen, die diesen Weg gehen, berichten, dass ihnen zeitweilig im Gebet ein Zustand großen Glücks geschenkt wird. Das Evangelium, so sagt Cassian, nennt diesen Zustand »selig«. Wenn dieses Gefühl und der Zustand der Glückseligkeit nicht nur konstant im Ruhegebet erfahren werden, sondern auch außerhalb des Gebetes, sprechen die Wüstenväter von der Vollkommenheit des Gebetes.

Der Betende erkennt, dass er ganz und gar aus Gott und in jedem Augenblick von seiner liebenden Zuwendung lebt. Er weiß um seine Armut, die ihm in diesem begnadeten Zustand der Seligkeit zur Fülle und zum Reichtum wird. In einer großen Ruhe nimmt er alles, was ihm begegnet, wahr, und die Dinge werden für ihn klar und durchschaubar. Bei demjenigen also, der die Vollkommenheit des Gebetes vom Herrn geschenkt bekommen hat, findet alles ein Ende, womit er sich sonst quälte. Furcht vor etwas oder gar Angst gibt es nicht mehr. Ein Mensch in diesem vom Gebet und Gottes Gnade durchdrungenen Bewusstseinszustand weiß, dass Gott auf seiner Seite steht und ihm nichts mehr passieren kann. Das eigentliche Wesen der Heiligen Schrift erschließt sich ihm, da die Schwingungen seines Herzens einen Gleichklang zu den Aussagen der Heiligen Schrift bilden. Die Wahrheit erkennt die Wahrheit. Cassian spricht sogar davon, dass durch ein solch erhabenes Gefühl es dem Betenden vorkommt, selbst der Verfasser zu sein.

Die Worte, die Jesus am Berg der Seligkeiten sprach, werden zu einer absoluten Gewissheit, vor allem aber wird sein Gebet am Ölberg, als er sein Schicksal und sein Leben in die Hände Gottes zurückgab, für den Betenden seelisch und leibhaftig zur Erfahrung. In seiner Armut ist das Ruhegebet, mit dem völlige Hingabe verbunden ist, als ein Sterben mit Christus anzusehen, um mit ihm aufzuerstehen. Hier wird das Geheimnis des Glaubens im Betenden Wirklichkeit.

Nimm dir die innere Größe und Hingabe der Gottesmutter als Vorbild. Sie konnte das Wunder Gottes, das an ihr geschah, gedanklich nicht erfassen, sagte jedoch bedingungslos ja zum Vorhaben des Schöpfers. In diesen Augenblicken der Hingabe an die Liebe Gottes – und später einmal immerwährend – tritt das eigene Ich zurück, und du erfährst ohne dein Wollen und Dazutun die innere »Armut«, die der Herr selig preist. Durch dieses Loslassen von allem öffnest du dich der entgegenkommenden Liebe Gottes, damit sie in dir bleiben und wohnen kann.[92]

Jesus Christus ist gekommen, um uns diesen Weg zum Vater, den er selbst gegangen ist, aufzuzeigen. Er möchte, indem er als Einlassbedingung in das Reich Gottes diejenigen, die arm im Geist sind, selig preist, alle Menschen diesen Weg lehren, um sie zurückzuleiten in die Nähe Gottes und damit in das verlorene Paradies.

7. Kapitel
Schlüssel zur inneren Kraftquelle

Im Folgenden werden nach konkreter Befragung einige Aussagen von Personen, die das Ruhegebet üben, kurz zusammengefasst:

- Das Ruhegebet vermittelt ein Gehaltensein von innen, aus einer Mitte, die in uns hineingelegt ist und die wir nur zulassen können.
- Es ist ein im Grunde ganz einfacher Schlüssel zur inneren Kraftquelle.
- Im Zurücknehmen des eigenen Ego beginnen wir damit, wesentliche Schritte auf dem Weg des Menschen mit Gott zu gehen.
- Das Ruhegebet ermöglicht es, inmitten der uns begleitenden Hektik und Unruhe den Ruf der Stille wahrzunehmen, neu aufzumerken für die Tiefenströmungen des Herzens, für die leise Sprache Gottes.
- Diese einfache Gebetsweise konkretisiert und intensiviert den geistig-seelischen Weg zum und im Christentum.
- Das Ruhegebet kommt der Sehnsucht nach Ganzheit entgegen, nach Integration von Geist, Seele und Körper, nach

Erkenntnis und Auflösung der dunklen Schatten im Menschen.

- Durch die regelmäßige Anwendung des Gebetes findet der Betende zunächst einmal zu sich selbst und lernt, seine eigene Wahl zu treffen. Er wird frei von Belastungen, durchlässig für den Geist Christi, sodass er seinen eigenen Weg erkennen, gehen und auch bejahen kann.
- Das Ruhegebet ist eine christliche Gebetsform, die die Anrufung Gottes zum Inhalt hat. Dadurch erfährt der Betende nicht nur Entspannung und neue Energie für Körper und Geist, sondern auch Erfüllung im Glauben und somit eine seelische Entwicklung.
- Dieses Gebet gehört zu den christlichen Gebetsweisen, die sehr einfach sind und den Menschen im guten Sinne zu sich selbst führen, ihn mehr zur Liebe erschließen und damit die Nähe Gottes erfahrbar machen.
- Dieses Exerzitium kann bedenkenlos im Alltag und allein geübt werden, ohne dass es zu einer neuen Anstrengung wird. Es vollzieht sich ganzmenschlich, also nicht nur mit dem Kopf, und hat daher eine große Verwandlungskraft.
- Das Ziel dieses Betens besteht darin, die verborgene Tiefe – und damit den Geist Christi in uns – in unser Bewusstsein und damit auch praktisch in unseren Lebensalltag kommen zu lassen.
- Wir müssen so viel nachdenken, so viel mit dem Kopf arbeiten, wir haben so viel Inhalte … In dem einfachen Ruhegebet dagegen werden wir still und ruhig. Wir sind gelöst in diesem immer wieder vertrauenden, gläubigen und liebenden Aussprechen des Namens »Jesus«. Auch die unbewussten Tiefen der Seele werden mit einbezogen. Durch das Gebet der Ruhe können wir in ein gotterfülltes Schweigen eintauchen.

- Das Ruhegebet wird allerdings erst in seiner ganzen Fülle wahrhaftig, wenn wir seine Auswirkungen zulassen und in unser tägliches Leben hineinnehmen.
- Dieses Gebet lebt aus dem tiefsten Lebensgrund unserer Seele – nicht aus unserem Wollen oder aus unserem Atem, sondern aus dem Heiligen Geist, der in uns hineingegeben ist.

> Die Hoffnung aber lässt nicht zugrunde gehen; denn die Liebe Gottes ist ausgegossen in unsere Herzen durch den Heiligen Geist, der uns gegeben ist.
> *Römer 5,5*

Nicht nur sprechen viele Betende die Lehrer des Ruhegebetes auf die Fülle der Gedanken an, die während des Betens aufsteigen und das Gebetswort hinwegspülen, sondern auch viele Menschen, die das Ruhegebet üben, klagen darüber, dass bei ihnen eine Fülle von Gedanken im Gebet aufkommt. Daher die Frage: Was kann man gegen die geistige Unruhe und das stete Umherschweifen der Gedanken während des Ruhegebetes tun?

8. Kapitel
Umgang mit Gedanken

Das menschliche Gehirn, mit all seinen Funktionen, zu denen auch das Denken gehört, ist der größte Segen des Schöpfers, die hervorragendste Gabe Gottes an den Menschen. Das Denken läuft spontan ab, ohne Anstrengung und Anspannung. Es ist dem Menschen eigen und vertraut, und schon von der Geburt an kann er denken, ohne vorher die Erfahrung gemacht zu haben, einen Gedanken zu denken. Das Aufkommen eines Gedankens, seine Weiterentwicklung und die Projektion des Denkens in die Sprache und die Handlung – all diese Abläufe geschehen so spontan und sind dem Menschen so vertraut, dass er sich nicht dabei anstrengen muss.

Mit dieser Leichtigkeit, mit der Gedanken kommen und gehen, nimmt der Betende sein zum Ruhegebet gehörendes Wort auf. Es ist, als ob er in ein Fahrzeug einsteigen würde, das einen nach innen gerichteten Weg einschlägt. Wie ein Gegenstand im freien Fall der Schwerkraft unterliegt und von der Erde angezogen wird, so erfährt die menschliche Seele eine Anziehung durch himmlische Kräfte.

> Und ich, wenn ich über die Erde erhöht bin, werde alle zu mir ziehen. *Johannes 12,32*

Ist die Seele leicht und unbeschwert – Cassian vergleicht sie mit einer Flaumfeder[93] – kann sie dieser anziehenden Bewegung folgen und sich auf den Schöpfer empfangend ausrichten. Ist sie dagegen beschwert, klebt sie mehr oder weniger am Boden und bleibt relativ unbeweglich. Die tiefe Ruhe, die Körper, Geist und Seele im Ruhegebet erfahren, entspannt die entsprechend angespannten Regionen und gibt den Weg frei für das liebende Entgegenkommen Gottes. Wenn die immer tiefer werdende Ruhe nicht nur Spannungen im Körper und im Nervensystem löst, sondern auch geistige und seelische Verkrampfungen und Unstimmigkeiten, wird eine bislang gebundene Energie frei, die sich ausdrücken muss und dazu den Weg nach außen sucht. Im Körperlichen zeigt sich dieser Prozess der Reinigung in Form tieferer Atemzüge, Müdigkeit tritt auf, ungesteuerte Bewegungen entstehen während des Betens, das Körper- und Raumempfinden ändert sich und es können Schmerzen[94] auftreten, die außerhalb des Ruhegebetes nicht gefühlt werden.

Genau wie der Körper in tiefer Ruhe all das von sich weist, was nicht zu ihm gehört und was ihn belastet, so reagieren auch auf wesentlich feineren Ebenen Geist und Seele. Wenn sie Spannungen freigeben, drücken sich diese in Form von Gedanken, Stimmungen und Empfindungen aus. Ähnlich ist es mit dem Träumen, das von vielen als Reinigung der Seele bezeichnet wird.[95] Um ein »Abfallprodukt« bei der Reinigung kümmert man sich eigentlich nicht, denn entscheidend ist das, was gereinigt wird. Genauso ist es mit den aufkommenden Gedanken während des Ruhegebetes. Obwohl dies bereits mehrmals gesagt wurde, soll es hier am Ende der cassianischen Gebetsschule nochmals betont werden, da der Gedankenstrom während des Ruhegebetes für viele Menschen zu einem Problem wird. Sie versuchen dies abzustellen, weil sie meinen, nicht richtig beten zu können. Dabei zeigen gerade die von selbst kommenden Gedanken im Ruhegebet an, dass in tieferen Schichten etwas in Bewegung geraten ist und sich ablöst, da es nicht zum eigentlichen Wesen des Menschen gehört. Nur das kann abfallen und sich auflösen, was den Menschen auf seinem Lebens- und Glaubensweg behindert und somit nicht sein eigen ist.

Da der Bereich der Gedanken, ihre Quelle, ihr Entstehen und Vergehen wissenschaftlich noch zu wenig erforscht ist, stößt man hier an eine Grenze, die weitere Aussagen nicht zulässt. Gedanken im Ruhegebet können wie der Traum wertvolle Spannungslösungen darstellen. Es können jedoch auch von Gottes Heiligem Geist eingegebene kreative Impulse sein, die verwirklicht werden möchten, oder ein normales schlichtes Denken, wie wir es außerhalb des Ruhegebetes gewohnt sind. Entscheidend ist daher gar nicht einmal, was während der Gebetszeit geschieht und wie es geschieht, sondern wie und auf welche Weise sich das Leben des Betenden verändert.

Jegliches Analysieren dessen, was im Ruhegebet geschieht, ist und bleibt Spekulation. Daraus resultiert die einfache Anweisung, sich während des Ruhegebetes um nichts zu kümmern, nur das Gebetswort sanft und leise zu wiederholen, das heißt mehr mit dem Herzen als mit dem Verstand, und zu ihm zurückzukehren, wenn man spürt, dass es nicht präsent ist. Der Betende darf sicher sein, dass alles, was für sein Leben wesentlich und wichtig ist, sich bei ihm außerhalb des Gebetes wieder einstellt. Daher sollte man keinesfalls vom Gebet aufspringen, um etwas aufzuschreiben, was einem eventuell entgehen könnte.

Nachdem der Betende durch aufkommende Gedanken die tiefere Ruhe verloren hat und sich somit an der Oberfläche befindet, taucht er, indem er erneut das Gebetswort aufnimmt, in sein Inneres ein.

Ein Bruder fragte einst einen Altvater: »Meine Gedanken irren im Ruhegebet ständig umher und das macht mich betrübt.« Dieser antwortete ihm beruhigend: »Mach dir keine Sorgen um deine Gedanken, wenn sie von selbst kommen und du sie von selbst wieder gehen lässt. Denke an das Füllen einer Eselin, das bald dahin, bald dorthin springt, aber doch immer wieder zu seiner Mutter zurückkehrt. Die Rückkehr zum Ruhegebet erreichst du ganz einfach, indem du – selbst beim Umherspringen deiner Gedanken – ohne Anstrengung dein Gebetswort wieder aufnimmst und es leise wiederholst. Bleibe geduldig.«

Dies ist der nach innen gerichtete Weg des Ruhegebetes. Genau wie das Ein- und Ausatmen alterniert er mit dem nach außen gerichteten Weg. Wir dürfen daher sicher sein, dass wir niemals im Ruhegebet bleiben und vielleicht den Weg zurück in die Welt nicht mehr finden. Daher ist es nicht nur gut, sondern notwendig, sich nach der Gebetszeit den Aktivitäten, den Aufgaben und Pflichten zuzuwenden.

Das Ruhegebet richtig auszuführen bedeutet nicht, dass das Gebetswort ständig da sein muss. Es bewegt sich etwas im Inneren des Menschen. Aufsteigende Gedanken können es vorübergehend überlagern oder verdrängen. Es kann aber auch ein Zustand auftreten, in dem der Betende weder Gedanken hat noch ihm das Gebetswort präsent ist. Hier taucht er – auch wenn es nur Momente sind – in ein tiefes unbewegtes Schweigen ein und nimmt etwas von der in ihm ruhenden göttlichen Kraft auf.

Ein wegen seiner Weisheit berühmter Altvater hatte sich tief in die Einsamkeit der Wüste zurückgezogen, um den vielen Besuchern und den mit ihnen verbundenen Gesprächen auszuweichen. Er war dafür bekannt, nur sehr kurz zu antworten und mit der Antwort dem Fragenden eine Aufgabe mit auf den Weg zu geben. Nach einer langen und anstrengenden Wanderung fanden zwei Brüder endlich das Kellion dieses Altvaters. Er hieß sie eintreten und Platz nehmen. »Ich übe schon einige Jahre das Gebet der Herzensruhe«, sagte einer der

Brüder. »Zuerst waren immer recht viel Gedanken da, aber mein Abbas, bei dem ich wohnte, erklärte mir, wie ich mit ihnen umzugehen habe. Eines jedoch möchte ich von dir wissen: Es gibt während des Gebetes Zeiten tiefer Ruhe in mir, in denen ich weder Gedanken habe noch ist mir mein Gebetswort gegenwärtig. Was soll ich da tun?« Der Greis schaute den Bruder schweigend an, dann sprach er: »Wie Mose seine Sandalen auszog, als er sich der Gegenwart Gottes näherte, so verstummen im hesychastischen Gebet nicht nur die Gedanken, wenn wir in ein tieferes Schweigen vor Gott eintreten, sondern auch das Gebetswort selbst. Stell dir jemanden vor, der ein Schiff besteigt, um über den Fluss zu fahren. Ist er am anderen Ufer, dem vorläufigen Ziel seiner Reise, angekommen, verlässt er das Schiff. So ist es auch mit dem Gebetswort. Es geleitet uns ein Stück weit – in der Regel durch uns selbst hindurch – und schwindet dann wieder, wenn es seine Aufgabe erfüllt hat. Der Herr erlaubt den Menschen jedoch nur kurz das jenseitige Ufer zu betreten. Nachdem er sie mit seinen Gaben bereichert hat, schickt er sie zurück, um diese Welt zu bestehen und den Menschen vom Ziel allen Lebens Kunde zu geben.«

9. Kapitel

Vergiss nicht ...

> Der Geist ist unruhig in uns und nimmt gern jede Ablenkung und Zerstreuung an. Im tiefsten Inneren jedoch sucht er einen bleibenden Glückszustand, in dem er von all seiner Unrast ausruhen kann. Verstehst du es, zwischen deinen Aktivitäten immer wieder innezuhalten, erlaubst du deinem Geist – umso mehr noch deiner Seele – sich von ihrem ureigentlichen Wesen, das göttlich ist, anziehen zu lassen. Hier können Körper, Geist und Seele ausruhen und neue Lebensenergie aufnehmen. Erlaube es daher deinem Geist und deiner Seele, ungehindert den Weg in ihre Heimat zu betreten. Sie kommen erfüllt zurück und beschenken dich mit wundervollen Gaben, die du niemals hättest selbst erwerben können.[96]

Mit dieser Gebetsweise möchte Cassian nicht nur seinen Mönchen das Ruhegebet nahe legen, sondern allen Menschen, die aus ihrer Sehnsucht nach Heil und Heilung einen konsequenten Gebetsweg gehen möchten.

- Das Ruhegebet bedarf einer guten Bereitung.
- Wenn man sich zu diesem Gebetsweg entschlossen hat, sollte man ihn auch zusammen mit einem geistlichen Begleiter oder genau nach den Anweisungen Cassians konsequent gehen.
- Nur die Praxis allein reicht nicht aus. Es muss ein entsprechendes Wissen hinzukommen, das die Erfahrungen erklärt und den Erfolg des Betens umso tiefer im Bewusstsein verwurzelt.

- Nur um die Entstehung und Wirkungsgeschichte des Ruhegebetes zu wissen, ohne es anzuwenden, ist ebenso einseitig und bleibt ohne gute Auswirkung.
- In der Zeit unmittelbar vor dem Gebet sollten möglichst keine neuen Eindrücke aufgenommen werden. Cassian sagt, dass das Gebet von dem inneren Zustand, in dem wir uns vor dem Beten befanden, mitgeprägt wird.
- Ein stiller Raum unterstützt die innere Ruhe. Das Gebet sollte im Sitzen und bei geschlossenen Augen ausgeführt werden. Der Betende zwingt sich zu nichts; weder kontrolliert er seine Sitzhaltung noch seinen Atem.
- Falls es sich nicht von selbst einstellt, nimmt der Betende nach ein bis zwei Minuten Stille sein Gebetswort[97] auf, um es ganz sanft und leise innerlich zu wiederholen.
- Dieses Gebet der Hingabe, das keine Leistung fordert, vollzieht sich anstrengungslos und leicht. Die einzige Aktivität – kaum als solche zu bezeichnen – ist das Aufnehmen und Wiederholen des Gebetswortes.
- Kommen Gedanken, geht der Betende ihnen nicht bewusst nach, sondern kehrt zu seinem Wort zurück und gibt ihm in allem den Vorrang.

> Jedes Mal, wenn die schlechten Gedanken sich in uns regen, müssen wir mitten unter sie die Anrufung unseres Herrn Jesus Christus schleudern, und wir werden sehen, wie sie sich augenblicklich wie Rauch in der Luft verflüchtigen. Wenn der Geist wieder allein ist, nehmen wir erneut die Wachsamkeit und die dauernde Anrufung auf, und jedes Mal, wenn sich der gleiche Vorgang in uns wiederholt, handeln wir auf die gleiche Weise.[98]

- Die empfohlene Gebetszeit beträgt zweimal am Tag zwanzig Minuten. Diese Zeit sollte wegen der einsetzenden tiefen Ruhe für Körper, Geist und Seele nicht überzogen werden. Nach zwölf bis fünfzehn Minuten kann man aufhören, aber nicht darunter.
- Ohne erneut das Gebetswort aufzunehmen, sollte das Ruhegebet bei geöffneten Augen mit zwei Minuten Stille beendet werden.[99]
- Das Ruhegebet kann nicht subjektiv beurteilt werden. Es ist von Mal zu Mal verschieden und es wirkt in menschliche Tiefen hinein, in denen eine Wahrnehmung nicht mehr möglich ist.
- Man sollte – außer zu seinem geistlichen Begleiter – vorerst nicht und später wenig darüber sprechen. Es genügt, wenn Außenstehende positive Veränderungen feststellen.
- Da der Mensch dazu neigt zu vergessen und allzu leicht Fehler durch ein willentliches Eingreifen auftreten, sollte von Zeit zu Zeit ein Gespräch mit einem Lehrer über das Ruhegebet geführt oder in der cassianischen Gebetslehre nachgelesen werden.

Dein Beten sollte täglich und regelmäßig erfolgen. Du darfst sicher sein: Zur gleichen Zeit, in der du dich zurückziehst in die Stille oder zum gemeinsamen Gebet, tun viele Menschen auf der ganzen Welt das Gleiche. Sie bilden eine große betende Gemeinschaft mit dir. Du wirst zu einem tragenden Glied einer weltumspannenden Kette von Gläubigen, die durch ihr Beten dem Bösen eine Absage erteilen und der menschlichen und göttlichen Liebe Raum geben. Verschließe dich nicht deiner Aufgabe, die Erde wieder mit dem Himmel zu

> verbinden. Göttliche Kräfte werden auf deiner Seite
> sein, um dich mit ihrem Wesen zu erfüllen.[100]

Johannes Cassian spricht im letzten Kapitel seiner Gebetslehre die für ihn wichtige Tatsache an, dass das Ruhegebet
nicht allein für sich existieren kann, sondern in einem guten
Wechsel stehen muss mit einer sinngebenden Arbeit. Nur
wenn beides zusammenkommt – Ruhe und Aktivität – kann
der Mensch seine Mitte finden oder bewahren und auf seinem Lebens- und Glaubensweg Fortschritte machen. Es ist
wie beim Gehen, wenn ein Bein fortschreitet, ruht der Körper auf dem anderen. Beim nächsten Schritt ist es umgekehrt. Nur in einem ausgewogenen Wechsel ist also Fortschritt möglich, ohne sich zur einen oder anderen Seite zu
verausgaben.

Durch praktische Arbeit und Gebet – beides sollte sich er-
gänzen – gelangt der Mensch zu höheren Werten, die ihn
näher zu seinem Ziel führen: ein immerwährendes Ruhen
in Gott.

Niemand ist durch religiöse und theologische Unkenntnis
ausgeschlossen, diesen geistlichen Weg zur Vollkommenheit
des Herzens zu gehen. Auch der Mangel an Bildung stellt
kein Hindernis dar, die Reinheit des Herzens und der Seele
zu erlangen. Dieses Ziel liegt jedem nahe und kann auf kür-
zestem und einfachstem Weg erreicht werden, wenn die Seele
sich immer wieder durch das Ruhegebet auf Gott ausrichtet.

IV.
Johannes Cassian –
Leben und Wirken

1. *Sein Weg –*
vom Aufbruch zum Ziel

Wer war Johannes Cassian, dessen Schriften die Jahrhunderte zu überdauern vermochten? Christliche Schriftsteller der ersten Jahrhunderte verbargen sich oft hinter ihren Werken, sodass von ihrem persönlichen Leben kaum etwas überliefert ist. Allzu oft nur werden von späteren Historikern vage Vermutungen als Gewissheit dargestellt. Bei Cassian ist dies nicht so, denn es stehen zwei Quellen zur Verfügung, die authentisch etwas über sein Leben aussagen. Zum einen sind es seine eigenen Schriften, in die er von Zeit zu Zeit persönliche Ereignisse einflocht, sodass sein Lebensweg sowohl zeitlich als auch geografisch nachvollzogen werden kann. Zum anderen ergänzte und bearbeitete der Literarhistoriker Gennadius von Marseille ab dem Jahr 467 – das sind ungefähr dreißig Jahre nach dem Tod Cassians – den ältesten bekannten Katalog christlicher Autoren, den Hieronymus verfasste. Den bereits vorhandenen Titel »De viris illustribus« behielt Gennadius bei. Er war als sprachkundiger und sorgfältig vorgehender Gelehrter bekannt.

Da Johannes Cassian, der nach 410 bis zu seinem Tod in Marseille lebte, dort zwei Klöster gründete, bezeichnete Gennadius Marseille als kirchliches Zentrum mit enger Verbindung zu monastischer Lebensform. Somit findet auch Johannes Cassian einen angemessenen Platz in seinem Buch über die kirchlichen Schriftsteller.

Mit dem Namen Johannes Cassian verbindet sich die Verpflanzung des Mönchtums aus dem Osten in das Abendland. So nimmt Cassian »unter den Vätern des abendländischen Mönchtums … eine hervorragende Stellung ein«.[101] Um einen besseren Zugang zur Gebetslehre und besonders zum Ruhegebet des Johannes Cassian zu bekommen, ist es notwendig, etwas über sein Leben und seinen Lebensweg zu erfahren.

Johannes Cassian wurde um 360 in der nördlichen Dobrudscha, der rumänischen Landschaft südlich des Donaudeltas, nordwestlich des Schwarzmeerhafens Constanza, geboren. Mit wenigen Worten schildert Cassian das väterliche Erbgut, das in einer waldreichen, einsamen und doch reizvollen Landschaft gelegen ist. Seine christlichen Eltern ermöglichten ihm eine ausgezeichnete und anspruchsvolle Schulbildung. Die Muttersprache war Latein, denn die Landschaft, in der Cassian geboren wurde, war von ihren Kolonisatoren lateinisch-römisch geprägt, zugleich aber auch stark von griechischem Einfluss bestimmt. So wuchs Cassian praktisch zweisprachig auf. Dass er neben der lateinischen Sprache auch die griechische beherrschte, zeigen viele Beispiele in seinen Werken. Cassian selbst schreibt in der »14. Unterredung« mit dem Abt Nesteros über die geistliche Wissenschaft, dass seine in der Jugend erworbenen Kenntnisse aus dem klassischen Unterricht ihm jetzt im Gebet ein Hindernis seien, weil er immer wieder daran denken müsse.

In der 24. und letzten Unterredung spricht Cassian von seinen Eltern und Verwandten. Er fühlt sich gedrängt, sie in seiner Heimatprovinz zu besuchen, um ihnen wegen ihrer tiefen Religiosität und Liebe von den Begegnungen mit den Wüstenvätern zu erzählen. Cassian erwähnt, dass er sich dort wegen seines Lebensunterhaltes keine Sorgen machen müsse, da seine Familie reichlich und mit Freuden alles spenden und leisten würde.

Eine große Sehnsucht nach tieferer Glaubenserfahrung drängte Johannes Cassian bereits im Alter von zwanzig Jahren, mit seinem etwas älteren Freund Germanus – nach dem Brauch der Zeit – eine Pilgerreise zu den heiligen Stätten Palästinas zu unternehmen. Sie waren so begeistert von der alten Mönchslandschaft dort, dass sie sich entschlossen, in ein Kloster in Betlehem einzutreten. Dieses Kloster, in dessen Nähe auch das Kloster des heiligen Hieronymus lag, war der Geburtsgrotte unmittelbar benachbart. Cassian nennt es »unser Kloster, das nicht weit von der Grotte gelegen ist, in der Jesus Christus ... geboren wurde«. Cassian und sein Landsmann Germanus verband eine tiefe Freundschaft. In der »1. Unterredung« stellt Cassian ihn vor und sagt, dass ihn von der Lehrzeit an in allen geistlichen Auseinandersetzungen sowohl im Kloster als auch in der Wüste eine untrennbare Freundschaft mit Germanus verbinde. Hier in diesem Kloster in Betlehem verbrachten sie die Zeit ihres Noviziates und legten die Ordensgelübde ab.

Nach ungefähr vier Jahren (um 385) musste sich Cassian eingestehen, dass er hier nicht das mönchische Leben fand, welches er sich vorgestellt hatte. Sowohl ihm als auch Germanus war dort niemand begegnet, der nach jenem hohen asketischen Ideal lebte und es auch lehrte, nach dem sie verlangten. Cassian sagt später in der »17. Unterredung« mit Abt

Joseph, welche sie in der ägyptischen Wüste führen, über das Thema »sich entscheiden«: »Wenn wir in unser Kloster (nach Betlehem) zurückgekehrt sein werden, so ist es gewiss, dass wir nicht nur von dieser hohen geistlichen Ebene zurückfallen, sondern auch in Folge der Mittelmäßigkeit des dortigen Wandelns durch vieles, was uns dann fehlt, niedergedrückt werden.« In ihrem Heimatkloster zu Betlehem hatten sie vom hohen asketischen Ideal der ägyptischen Wüstenväter gehört, das sie von nun an ungemein anzog. So ist es zu erklären, dass Cassian und Germanus sehnlichst das mönchische Leben dort kennenlernen wollten, wo es am ursprünglichsten war: bei den Vätern in den Wüsten Ägyptens. Die Klostervorsteher in Betlehem jedoch hatten Sorge, so eifrige Mönche wie Cassian und Germanus zu verlieren. Deshalb ließen sie sich von ihnen die Rückkehr feierlich geloben.

Im Jahr 385 durften dann Cassian und Germanus ihr Kloster in Betlehem nur unter dieser eidlichen Verpflichtung zur baldigen Rückkehr verlassen und nach Ägypten reisen, um dort die Mönchsväter zu besuchen. Ihr Verlangen, dort von ihnen alles zu erlernen und zu erfahren, was ihnen an Erkenntnissen über den »Weg der Reinigung« und über den »Weg der Vollkommenheit« noch fehlte, war so groß, dass sie sofort aufbrachen. Im Geheimen hatten sie schon längst beschlossen, nach Ägypten zu ziehen. Sie kamen in der ägyptischen Hafenstadt Thenessus an und besuchten als Erstes die Mönche in der Gegend von Panephysis sowie Diolkos am Nildelta. Anschließend weilten sie lange unter den Mönchen der Kellia und der Sketis (in Unterägypten, unweit von Alexandria), um einen christlichen Heils- und Gebetsweg zu erlernen und ihn auch einzuüben. In der sketischen Wüste, wo die bewährtesten Väter der Mönche und die vollkommensten weilten, erlernten sie das Ruhegebet. Nach sieben Jahren,

392, unterbrachen Cassian und Germanus ihren Aufenthalt bei den berühmtesten Mönchsvätern in Ägypten, um sich in Betlehem von ihrem Versprechen, ins dortige Kloster für immer zurückzukehren, entbinden zu lassen.

Von nun an konnten Cassian und Germanus ihren siebenjährigen Aufenthalt bei den ägyptischen Mönchen ohne Auflagen mit dem Segen der Klostergemeinschaft von Betlehem fortsetzen. Was Cassian in der sketischen und thebaischen Wüste, dem früheren Aufenthaltsort des heiligen Antonios, in Gesprächen mit den Mönchsvätern erfuhr und an Lebensgewohnheiten und Bräuchen beobachtete, was er in den Klöstern und bei den Altvätern an Lebens- und Lehrweisheiten in sich aufnahm, schrieb er später, nach über 25 Jahren, als Abt des Klosters Saint-Victor in Marseille nieder. Auf diese Weise wurde die Lehre der Wüstenväter ins Lateinische übersetzt und der abendländischen Welt zugänglich gemacht. Da Cassian, wie bereits gesagt wurde, sowohl in der lateinischen als auch in der griechischen Sprache zu Hause war, machten es ihm seine Sprachkenntnisse leicht, die Vermittlerfunktion zwischen dem Osten und dem Westen einzunehmen.

Das Mönchsleben hatte im 3. Jahrhundert mit dem heiligen Antonios seinen Anfang genommen. Vorbild war sein Leben und seine Lehre. Das Streben nach Vollkommenheit – tief in der menschlichen Seele verborgen –, das Sehnen nach Vereinigung mit Gott, tiefere Erfahrungen im Gebet, das Alleinsein und die Herrschaft über sich selbst, waren die Motivationen, die Tausende zur mönchischen Lebensweise führten.

Jeder Mönch lebte für sich in einem Kellion, einer Zelle, die aber eher ein kleines Häuschen mit mehreren Räumen war, umgeben von einem umfriedeten und meist verschlossenen Hof. A. Guillaumont grub 1965 eine dieser Behausungen aus, allerdings aus späterer Zeit und für mehrere Mönche gedacht. Hier fand man auch die bisher älteste inschriftliche Bezeugung der Übung des Ruhegebetes. Während der Woche lebte der Mönch normalerweise für sich allein in seinem Kellion und widmete sich ganz dem Gebet. Cassian erlebte in Ägypten dieses Mönchsleben auf dem Höhepunkt seiner Entwicklung. In den Wüstenvätern sah er die Verkörperung der christlichen Vollkommenheit. Die Persönlichkeiten der Wüstenväter wurden von Cassian so geschildert, wie er sie in Ägypten gesehen und erlebt hatte. Sie schlafen auf Strohmatten und haben anstelle der Kopfkissen Papyrusbündel unter dem Kopf.

2. Alexandrinische Schule: Origenes und Evagrius Pontikus, Lehrer Cassians

Die Lehre Cassians wurde über die Wüstenväter zu einem großen Teil durch die Alexandrinische Theologenschule mitgeprägt. Alexandria, Weltstadt des Altertums, besaß bereits im 1. Jahrhundert als zweitgrößte Stadt des Römischen Reiches fast eine Million Einwohner. Sie wurde 331 v. Chr. von Alexander dem Großen gegründet. Von weitreichender Bedeutung war auch die Theologenschule, die die frühe Kirche maßgeblich beeinflusste. In seiner Kirchengeschichte schreibt Eusebius (260–340), dass diese Schule »seit Alters her« in Alexandria bestanden habe. Das hohe Ansehen Alexandrias basiert nicht zuletzt auf dieser Theologenschule und der Präsenz berühmter Bischöfe wie Heraklas, Theonas, Athanasios, Kyrillos, Dimetrios. Pantaenus (gest. ca. 190) war die erste historisch belegbare Gestalt eines christlichen Gelehrten an dieser Schule. Ein Schüler des Pantaenus, Clemens von Alexandrien (um 150–215), war wiederum geistlicher Lehrer des Origenes (185–255). Origenes kam im Jahr 204 an diese Schule und legte die Grundlagen für die Entwicklung zu einer dauerhaften Institution. Ohne Origenes und seine Alexandrinische Schule lassen sich das gebildete Mönchtum, die Dogmatik und geistliche Lehre der Kappadozier und der Byzantiner, die Exegese des Hieronymus und Ambrosius und damit die westliche Schrifttypologie nicht denken. Der größte Schüler des Origenes war Evagrius Pontikus (345–399), von dem Cassian als »Abt Isaak« in seinen Werken spricht. Durch Evagrius Pontikus fand Cassian Zugang zu Origenes und wurde so mit dessen Spiritualität vertraut. Man darf sagen, dass die Schriften des Origenes und die persönliche Begegnung Cassians mit Evagrius Pontikus und dessen Schriften die Hauptpfeiler sind, auf denen die Gebetslehre Cassians beruht.

3. Von der sketischen Wüste über Konstantinopel und Rom nach Marseille

Im Jahr 399 starb Evagrius Pontikus, Cassians Lehrer, der in der Abgeschiedenheit der nitrischen Wüste Ägyptens lebte. Er war der bedeutendste Vertreter der Theologie des Origenes. Viele Anhänger unter den ägyptischen Mönchen richteten ihr Leben nach dieser Lehre aus. Nach dem Tod des Evagrius Pontikus entstanden jedoch heftige Auseinandersetzungen um die Theologie des Origenes.

Als schließlich der Patriarch Theophilus von Alexandrien geradezu brutal in die Auseinandersetzung eingriff, die Werke des Origenes verurteilte und die origenistischen Mönche aus Ägypten vertrieb, mussten auch Cassian und Germanus im Jahr 401 aus Ägypten fliehen. Sie fanden nach ihrer Ausweisung aus Ägypten Zuflucht beim Patriarchen Johannes Chrysostomus in Konstantinopel, einem der Großen unter den Kirchenvätern (349/350–407). Wegen seiner zündenden Predigten wurde er auch »Goldmund« genannt. In ihm fanden Cassian und Germanus ihren neuen geistlichen Begleiter. Chrysostomus gab ihnen kirchliche Dienste und setzte sie in der Seelsorge ein.

»Leider fehlen die Nachrichten darüber, wie vielen Mönchen Chrysostomus selbst die Hände aufgelegt hat. Sicher konsekrierte er Heraklides zum Bischof und weihte Cassian zum Diakon. Wohl um die gleiche Zeit wurde Germanus Priester, denn er kam mit Cassian zusammen aus Ägypten. Eine gewisse Bedeutung hat der Umstand, dass Cassian bereits zwei Jahre bei Bischof Johannes war, bevor er Diakon wurde.«[102]

Dankbar schreibt Cassian später in seinem Buch »Von der Menschwerdung des Herrn«, dass er von Chrysostomus in den heiligen Dienst aufgenommen und Gott geweiht wurde. »So nehme denn auch ich den Eifer und die Liebe des Schülers für mich in Anspruch, da ich … mir nicht unter den ausgezeichneten Vorstehern der Stadt Konstantinopel einen Platz als Lehrer anmaßen kann. Denn von dem Bischof Johannes Chrysostomus gottseligsten Andenkens in den hl. Dienst aufgenommen und Gott geweiht, bin ich der Liebe nach dort, wenn ich auch dem Leibe nach ferne weile.«[103]

In Konstantinopel erlebte Cassian den kirchenpolitischen Kampf um den Bischofsstuhl, dessen Opfer Johannes Chrysostomus wurde. Eine vom Hof unter Führung der Kaiserin Eudokia und einiger Bischöfe – an der Spitze der Patriarch Theophilus von Alexandrien – gesteuerte Hetze bewirkte im Jahr 404 die Absetzung des Johannes Chrysostomus.

Philip Rousseau führt aus, der eigentliche Grund der Ablehnung habe darin bestanden, dass Chrysostomus einigen Mönchen, die zu ihm geflohen waren – unter ihnen auch Cassian und Germanus – wichtige Ämter anvertraut habe.[104] Nach dem Sturz des Johannes Chrysostomus durch den Patriarchen Theophilus – Chrysostomus wurde durch den Kaiser ins Exil nach Armenien geschickt – betraute der Klerus von Konstantinopel Cassian und Germanus mit einer Mission an Papst Innozenz I. (402–417), um den päpstlichen Schutz für Johannes Chrysostomus zu erbitten und seine Theologie zu verteidigen. 405 reisten Cassian und Germanus nach Rom. Es gelang ihnen, die Verleumdungen zu widerlegen.

Hier in Rom wird Cassian Freundschaft geschlossen haben mit dem späteren Papst Leo I. dem Großen (440–461), der zu dieser Zeit noch Archidiakon war. In der nestorianischen Streitfrage veranlasste er im Jahr 430 Johannes Cassian, die Lehre des Nestorius zu widerlegen. Seinem Freund, dem späteren Bischof von Rom, widmete Cassian in seiner Schrift »Von der Menschwerdung des Herrn« das Vorwort. Hier in Rom wurde Johannes Cassian auch zum Priester geweiht.

Nachdem Johannes Chrysostomus 407 gestorben war und Rom 410 durch den Westgoten-König Alarich erobert wurde, hatte Cassian bereits die Stadt verlassen. Von Germanus fehlt ab diesem Zeitpunkt jede Spur. Er ist wahrscheinlich in Rom geblieben und auch dort gestorben.

Nach 410 gelangte Cassian auf nicht mehr genau zu rekonstruierenden Wegen nach Südgallien, wo er in Marseille eine neue Heimat fand. Ein möglicher Grund für seinen

Weg nach Marseille bestand darin, dass Bischof Lazarus von Aix-en-Provence, mit dem Cassian in Verbindung getreten war, ihm die Wege nach Südgallien geebnet hatte. Rousseau jedoch ist der Ansicht, dass Cassian nicht direkt von Rom aus nach Marseille reiste – wie in der Literatur allgemein vermutet wird – sondern die positive päpstliche Antwort an Chrysostomus überbrachte, dessen erste Verbannung aufgehoben worden war. Nach zwei Monaten jedoch setzten erneut Intrigen ein, die diesmal seine endgültige Verbannung nach Kukusus an der armenischen Grenze erreichten. Hier verbrachte Chrysostomus drei Jahre. Dann wurde ihm 407 ein strengeres Exil in Pityus am Schwarzen Meer zugewiesen. Auf dem Weg dorthin erlag er den Strapazen.

Rousseau vermutet, dass Cassian, als die Verbannung des Chrysostomus nicht mehr verhindert werden konnte, nach Antiochien reiste und dort in der Klärung des Schismas zwischen Antiochien und Rom eine wichtige Rolle einnahm. Hier wird aller Wahrscheinlichkeit nach Cassian Kontakt mit Bischof Proclus (gest. um 418) aufgenommen haben, mit dem zusammen er nach Marseille kam. Mehr und mehr drangen gotische Stämme in das Römische Reich ein. Damit verfiel langsam sowohl politisch als auch wirtschaftlich und kulturell das westliche Kaiserreich. Die Stadt Marseille und die Provence jedoch konnten erfolgreich vor den einfallenden Goten verteidigt werden. Hier sammelten sich viele, die aus Oberitalien und Rom flüchten mussten, besonders aber die Menschen, die in Einsamkeit und Zurückgezogenheit ein monastisch-asketisches Leben führen wollten. Hier öffneten sich ihnen auf ihrer religiösen Suche neue Perspektiven durch die Vorbilder des ägyptischen Mönchtums. So kam es im südlichen Gallien und in der Provence zu vielen neuen Klostergründungen.

Bischof Proclus und Bischof Castor von Apt unterstützten und förderten das neu aufblühende Mönchtum. Besonders Bischof Castor bot Cassian väterlichen Schutz an, sodass er unter seiner bischöflichen Autorität keine Befürchtungen mehr haben musste. Cassian genoss hohes Ansehen, da er über so viele Jahre die monastische Spiritualität kennengelernt hatte, besonders die der ägyptischen Klöster, die den Ursprung des christlichen Mönchtums bildeten.

Ab 410 lebte Cassian in Marseille. Um 415 gründete er dort auf Wunsch und mit Unterstützung des Bischofs Proclus das Mönchskloster Saint-Victor und das Nonnenkloster Saint-Saviour. Die Gründungen erfolgten im damaligen Stadtzentrum und sind bis heute erhalten geblieben. Cassian ging es bei diesen städtischen Klostergemeinschaften weniger um die Abgeschiedenheit des Leibes als um die der Seele. Das Mönchskloster, dem Cassian als Abt vorstand, lag bei der Kirche Saint-Victor, die er vom Bischof Proclus als Klosterkirche erhalten hatte – vermutlich auf Empfehlung des Bischofs Lazarus, der später in der Saint-Victor-Kirche begraben wurde. Die letzten Nachrichten über Johannes Cassian stammen aus dem Jahr 432. Wahrscheinlich starb er 435. Sein Grab befindet sich in der Krypta von Saint-Victor. In der Diözese Marseille und in der griechischen Kirche wird Johannes Cassian als Heiliger verehrt.

Der englische Benediktinerabt Cuthbert Butler (gest. 1934) war einer der bedeutendsten Kenner der frühen monastischen Welt. Er bezeichnet die »24 Unterredungen« Cassians als das »erste bedeutende wissenschaftliche Werk, das je über das geistliche Leben geschrieben worden ist«.[105] Er schreibt Cassian zu, dass er noch vor Augustinus dem lateinischen Westen eine Form monastischer Frömmigkeit vermittelt hat, die man als »westliche Mystik« bezeichnen kann.

Ein Grußwort der »Stiftung Ruhegebet«

Gott, der durch die Macht, die in uns wirkt, unendlich viel mehr tun kann, als wir erbitten oder uns ausdenken können, er werde verherrlicht durch die Kirche und durch Christus Jesus in allen Generationen, für ewige Zeiten. Amen

Epheser 3,20-21

Der Auszug aus dem Epheserbrief kann - vielleicht überraschend – zwei bedeutsame Einsichten schenken, die aus meiner Sicht einerseits aktuell und andererseits in einem inneren Zusammenhang mit dem Ruhegebet zu sehen sind. Das Ruhegebet führt nämlich den hingebungsvollen Beter ganz wesentlich im Schweigen nach innen zu der »Macht, die in uns wirkt«. Die Stille kann insofern als der »Weg« zu dem »Ort« angesprochen werden, wo der lebendige Gott in uns »wohnt« und an uns sein Werk vollbringt. Dort will der Beter nichts haben, dort will er sich Gott hinhalten und verschenken. Folglich bleibt er dort nicht selbstbezogen stehen, vielmehr begegnet er hier der dreifaltigen Liebe von Vater, Sohn und Heiligem Geist, an deren Leben ihm Anteil geschenkt wird. Die hier fundamental erfahrene Verwandlung und Erneuerung am Grund unserer Seele und Persönlichkeit ist also nicht eigener Aktivität zu verdanken, sondern allein der Führung des Heiligen Geistes, der uns auf diesem Wege dem Bilde seines Sohnes gleichförmig macht und von daher unserer wahren Identität annähert. Auf diesem Wege werden wir zugleich in Christus mit allen Gliedern der Kirche und allen Menschen guten Willens verbunden, um auf der Basis dieser Wahrheit personaler Begegnung erfüllt in die Welt hinausgeführt zu werden. Dieser Dynamik folgend, bringen wir dann in Freude uns selbst in Freiheit gerne dem Schöpfer aller Wirklichkeit als Gabe dar. Darin folgen wir unserer Bestimmung als Menschen, antworten mit unserem Leben seinem Ruf und verherrlichen wir IHN.

Diese einführenden Überlegungen wollen verdeutlichen, dass das Ruhegebet, welches dem Grundgedanken aus dem Epheserbrief entspricht und dessen Aussagen und Einsichten als Gebet in ganz eigener Weise konzentriert, von hochaktueller Bedeutsamkeit ist. Viele Menschen aller Couleur suchen Entspannung und geistliche Erfahrung, die ihr Leben gründet, innerlich ausrichtet und erfüllt. Die hundertfachen Reaktionen von Menschen, die das Ruhegebet in der Entfaltung nach Pfarrer Dr. Peter Dyckhoff praktizieren, zeigen, dass es diesem Gebet in einzigartiger Weise gelingt, aus seinem urchristlichen Geist den Alltag erfüllt zu gestalten. Peter Dyckhoff, der dieses von den Wüstenvätern und -müttern eng an Jesu Gebetsverhalten orientierte Gebet für unsere Zeit ohne Substanzverlust adaptiert hat, praktiziert es selbst seit über vierzig Jahren. Nicht nur das, als tief- und feinsinniger Lehrer und Menschenkenner, hat er das Ruhegebet Hunderten von Schülern und zahlreichen Lehrenden des Ruhegebetes, die er selbst ausgebildet hat, vermittelt. Er steht in einem intensiven Kontakt zu seinen Schülern, die er auf ihrem Lebens- und Gebetsweg als großer Menschenfreund, der er ist, geistlich begleitet. Mittlerweile ist nun der Lehrer Dyckhoff fünfundsiebzig Jahre alt geworden, und es stand die Frage zur Klärung an, wie es mit der Vermittlung und Verbreitung des Ruhegebetes und ebenso der Verbreitung seiner diversen anderen Werke in Auseinandersetzung mit spirituellen christlichen Größen der Geschichte weitergehen kann, wenn seine Kräfte als »Motor« vor allem der Verbreitung des Ruhegebetes langsam nachlassen sollten. Allein eines seiner Bücher über das Ruhegebet hatte in relativ kurzer Zeit eine Auflage von annähernd 18.000 Exemplaren erreicht, was ein außergewöhnliches Interesse an dieser wunderbaren Form des Gebetes dokumentiert. So ist es nur eine logische Folge und aus der Sicht seines Schülerkreises ein Muss, dass er sein Gesamtwerk mit dem Schwerpunkt Ruhegebet im Rahmen einer »Stiftung Ruhegebet« geordnet und für die Zukunft weiter zugänglich erhalten hat.

Es lohnt ein kurzer Blick auf diese gemeinnützige Stiftung und ihre zentralen Anliegen vor allem auch für die, die Interesse an diesem Gebet haben und sich damit jederzeit an die Stiftung wenden können. Allgemein dient die Stiftung der »Verbreitung und Förderung des Ruhegebetes nach dem christlichen Mönchsvater Johannes Cassian (360–435)«. Weiter geht es darum, das vielfältige »Gedankengut des katholischen Pfarrers Dr. Peter Dyckhoff« zu verbreiten. Gefördert werden »die Durchführung von Kursen zur Einübung in das Ruhegebet und Vertiefungskurse, die Ausbildung und Weiterbildung von Lehrenden für das Ruhegebet, geistliche Hilfestellungen für Menschen, die Stress abbauen wollen, individuelle Betreuung von Menschen, die mit der Anwendung des Ruhegebetes Schwierigkeiten haben, Weitergabe und Verbreitung geistlicher Literatur, »die mit dem Christentum vereinbar ist«. Betont sei noch: »Die Stiftung ist selbstlos tätig«. Sollten Sie also Fragen an die Stiftung haben und sich insbesondere für das Ruhegebet interessieren, wenden Sie sich an die Lehrenden des Ruhegebetes. Sie finden Namen und Kontakte im Internet unter www.ruhegebet.com

Persönlich, dies sei noch angefügt, habe ich längere Zeit eine Gebetsform gesucht, die neben meinen beruflichen und privaten Aufgaben nicht noch zusätzlich primär Aktivität fordert oder in ein Leisten-Müssen versetzt. Es verlangte mich auch nicht nach aktuellen Formen von Meditation und Entspannung. Ich suchte eine ganz ursprüngliche, christliche Gebetsform, die zugleich biblisch und einfach ist und die auf leichte Weise IHN unkompliziert im Mittelpunkt sein und wirken lässt. Genau ein solches Gebet habe ich im Ruhegebet nach Johannes Cassian gefunden. Kennen gelernt habe ich dieses Gebet durch den Mentor des Ruhegebetes in Wort und Praxis im deutschsprachigen Raum, Peter Dyckhoff, aus Senden im Münsterland. Ich lernte ihn noch während meiner Tätigkeit als Redakteur beim Domradio näher kennen, um mit ihm verschiedentlich per Interview eines seiner spirituellen Werke vorzustellen. Die Intention des geistlichen Autors Peter Dyckhoff ist es, spirituelle Schlüsselwerke (Dionysius, Dominikus, Teresa von Ávila, Thomas von Kempen etc.) ohne Substanzverlust in die Sprache und das geistige Leben der Gegenwart zu vermitteln, zugänglich und praktizierbar zu gestalten. Seit einiger Zeit übe und lehre ich nun dieses Gebet. Es schenkt mir und vielen anderen unter anderem Gelassenheit, innere Ruhe und allgemein Stärkung. Insofern ist es für mich immer mehr ein wichtiger Impuls, »ein Weg zum Leben« geworden, wie Johannes Cassian selbst es verstanden hat. Mit vielen anderen bin ich dankbar für das Ruhegebet, denn diese Gebetsform prägt uns sein Antlitz ein, wodurch jede Begegnung von Mensch zu Mensch eine solche von Angesicht zu Angesicht sein kann.

Patrick Oetterer, Diakon   *Stiftung Ruhegebet*
                                  www.ruhegebet.com

Literatur

Johannes Cassian

Johannes Cassianus: Vierundzwanzig Unterredungen mit den Vätern. Übersetzt von Karl Kohlhund. In: Sämtliche Schriften des ehrwürdigen Johannes Cassianus. Bibliothek der Kirchenväter. Kempten 1879. 1. Band: 280–600. 2. Band: 9–428. (Abk. »Coll.«)

Johannes Cassianus: Von den Einrichtungen der Klöster. In: Sämtliche Schriften des ehrwürdigen Johannes Cassianus, Bibliothek der Kirchenväter. Kempten 1879. 1. Band, 17–271. (Abk. »Inst.«)

Joannis Cassiani: Collationes XXIV. Sanctorum Patrum Opuscula selecta. Series Altera III. Edidit et commentariis auxit H. Hurter S. J. Deniponti. Libraria Academica Wagneriana. Parisis, Londini, Neo-Eboraci & Cincinnati. (Fr. Pustet) 1887.

Johannes Cassianus: Sieben Bücher über die Menschwerdung Christi. Übersetzt von Karl Kohlhund. In: Sämtliche Schriften des ehrwürdigen Johannes Cassianus. Bibliothek der Kirchenväter. Kempten 1879. 2. Band, 433–631. (Abk. »De Incarn.«)

Johannes Cassianus: Weisheit der Wüste. Auswahl und Übertragung von P. Alfons Kemmer OSB. Einsiedeln-Köln 1948.

Johannes Kassianus: Das Glutgebet. Zwei Unterredungen aus der sketischen Wüste. Ausgewählt, übertragen und kurz erläutert von Emmanuel von Severus, Mönch der Abtei Maria Laach. Düsseldorf 1966.

Johannes Cassian: Das Ruhegebet. Eine Einübung. Übertragen und eingeleitet von Peter Dyckhoff. Mit einem Vorwort von Johannes Bours und einem Nachwort von Tatjana Goritschewa. München ⁴1995.
Johannes Cassian: Spannkraft der Seele. Einweisung in das christliche Leben I.
–: Aufstieg der Seele. Einweisung in das christliche Leben II.
–: Ruhe der Seele. Einweisung in das christliche Leben III. Ausgewählt, übertragen und eingeleitet von Thomas und Gertrude Sartory. Freiburg im Breisgau 1981, 1982 und 1984.

Andere

Auf der Maur, Ivo: Mönchtum und Glaubensverkündigung in den Schriften des Hl. Johannes Chrysostomus. Freiburg/ Schweiz 1959. (Paradosis. Beiträge zur Geschichte der altchristlichen Literatur und Theologie, Band 14).

Aufrichtige Erzählungen eines russischen Pilgers. Die vollständige Ausgabe. Herausgegeben und eingeleitet von Emmanuel Jungclaussen. Freiburg im Breisgau ⁷1999.

Aurelius Augustinus: Ausgewählte Briefe. X. Band der Ausgewählten Schriften. Bibliothek der Kirchenväter. Kempten, München 1917.

Basilius der Große: Dreihundertdreizehn kurzgefasste Vorschriften in Fragen und Antworten. Übersetzt von Dr. Valentin Gröne. In: Bibliothek der Kirchenväter. Hrsg. von Dr. Valentin Thalhofer. Ausgewählte Schriften des Hl. Basilius des Großen. 2. Band. Kempten 1877, 163–364.

Buber, Martin: Die Erzählungen der Chassidim. Zürich 1949.

Bunge, Gabriel: Akedia. Die geistliche Lehre des Evagrios Pontikos vom Überdruss. Köln ³1989.

Butler, Cuthbert: Benediktinisches Mönchtum. St. Ottilien 1929.

Dyckhoff, Peter: Einübung in das Ruhegebet. Zwei Bände. München 2006.

Dyckhoff, Peter: Das Ruhegebet einüben. Freiburg im Breisgau [2]2011.

Dyckhoff, Peter: Mit Leib und Seele beten. Die neun Gebetsweisen des Dominikus. Freiburg im Breisgau 2003.

Dyckhoff, Peter: Gebetskarten. Gebete aus der Kraft der Ruhe. München 2011.

Dyckhoff, Peter: Aus der Quelle schöpfen. Das innerliche Gebet nach Teresa von Avila. Kevelaer 2011.

Dyckhoff, Peter: Atme auf. 77 Übungen zur Leib- und Seelsorge. München [2]2004. Neuausgabe: Atme auf. 77 Übungen für Körper und Seele, Freiburg im Breisgau 2014.

Dyckhoff, Peter: Tiefer als der Ozean. München 2002.

Evagrius Ponticus: Praktikos. Über das Gebet. Übersetzung und Einleitung von John Eudes Bamberger OCSO. Aus dem Englischen übersetzt von Guido Joos. Schriften zur Kontemplation. Band 2. Münsterschwarzach 1986.

Exeler, Adolf: Gott, der uns entgegenkommt. Freiburg im Breisgau 1980.

Gnilka, Joachim: Das Matthäusevangelium. I. Teil, Freiburg im Breisgau 1986.

–: Der Kolosserbrief. Freiburg im Breisgau 1980.

Gouillard, Jean: Kleine Philokalie zum Gebet des Herzens. Zürich 1957.

Grau, Engelbert und Schlosser, Marianne: Leben und Schriften der heiligen Klara von Assisi. Kevelaer [8]2001.

Griffiths, Bede OSB: Johannes Cassian. Botschaft der Wüste. In: Große Gestalten christlicher Spiritualität. Hrsg. von Josef Sudbrack und James Walsh. Würzburg 1969, 59–73.

Grün, Anselm: Einreden. Der Umgang mit den Gedanken. Münsterschwarzacher Kleinschriften, Band 19. Münsterschwarzach 1982.

–: Geistliche Begleitung bei den Wüstenvätern. Münsterschwarzacher Kleinschriften, Band 67. Münsterschwarzach 1991.

Herrigel, Eugen: Zen in der Kunst des Bogenschießens. München-Planegg [8]1959.

Hoffsümmer, Willi: 255 Kurzgeschichten. Mainz 1981.

Kabasilas, Nikolaus: Das Leben Christi. Engl. v. C. J. de Catanzaro. Crestwood NY 1974.

Kinder- und Hausmärchen. Gesammelt durch die Brüder Grimm. Zeichnungen und Bilder Gerhard Oberländer. Zweiter Teil. München und Hamburg 1961.

Kleine Philokalie. Belehrungen der Mönchsväter der Ostkirche über das Gebet. Ausgewählt und übersetzt von Matthias Dietz. Köln [3]1989.

Longardt, Wolfgang: Neue Kindergottesdienstformen. Freiburg im Breisgau 1973.

Lorenz, Erika: Das Vaterunser der Teresa von Avila. Anleitung zur Kontemplation. Freiburg im Breisgau [2]1987.

Nouwen, Henri J. M.: Gebete aus der Stille. Freiburg im Breisgau 1982; Neuausgabe 2013.

Origenes: Vom Gebet und Ermahnung zum Martyrium. Aus dem Griechischen übersetzt von Dr. Paul Koetschau. Bibliothek der Kirchenväter. München 1926.

[Regula Benedicti] Die Benediktusregel: Herausgegeben im Auftrag der Salzburger Äbtekonferenz. Beuron [2]1996.

Reuss, Joseph: Der erste Brief an Timotheus. Düsseldorf [2]1964.

Rossé, Gérard: Der Pfarrer von Ars an seine Gemeinde. Ausgewählte Gedanken und Predigten mit einer biografischen Einführung. München 1980.

Rousseau, Philip: Ascetics, Authority and the Church in the Age of Jerome and Cassian. (Oxford Historical Monographs). Oxford 1978.

Schieler, Karl: Magister Johannes Nider aus dem Orden der Predigerbrüder. Mainz 1885.

Schimonach, Ilarion: Auf den Bergen des Kaukasus. Gespräch zweier Einsiedler über das Jesus-Gebet. Übersetzt und mit einem Vorwort von P. Bonifaz Tittel OSB. Salzburg 1991.

Schlier, Heinrich: Der Römerbrief. Herders Theologischer Kommentar zum Neuen Testament. Band VI. Freiburg im Breisgau 1977.

Schnackenburg, Rudolf: Das Johannesevangelium. I. Teil, Freiburg im Breisgau ³1972. II. Teil, Freiburg im Breisgau 1971. III. Teil, Freiburg im Breisgau ²1976. IV. Teil, Freiburg im Breisgau 1984.

Schürmann, Heinz: Der erste Brief an die Thessalonicher. Geistliche Schriftlesung, Band 13. Düsseldorf ⁵1981.

Teresa von Avila: Deutsche Ausgabe des Gesamtwerkes: Sämtliche Schriften der hl. Theresia von Jesu. Übersetzt und herausgegeben von Aloysius Alkofer OCD. 6 Bände, München 1931–1941.

Band 1 Das Leben der heiligen Theresia von Jesu (Autobiografie)

Band 2 Das Buch der Klosterstiftungen der heiligen Theresia von Jesu

Band 3 Briefe der heiligen Theresia von Jesu. Erster Teil

Band 4 Briefe der heiligen Theresia von Jesu. Zweiter Teil

Band 5 Die Seelenburg der heiligen Theresia von Jesu

Band 6 Weg der Vollkommenheit mit kleineren Schriften der hl. Theresia von Jesu

Walter, Eugen: Der erste Brief an die Korinther. Düsseldorf 1969.

Warnach, V.: Agape. Die Liebe als Grundmotiv der neutesta-
mentlichen Theologie. Düsseldorf 1952.

Weber, Hans-Oskar: Die Stellung des Johannes Cassianus
zur außerpachomianischen Mönchstradition. In: BGAM
24, Münster 1961.

Weisung der Väter. Apophthegmata Patrum. Eingeleitet und
übersetzt von Bonifaz Miller. Sophia. Quellen östlicher
Theologie. Band 6. Freiburg im Breisgau 1965.

Anmerkungen

Zu Teil II: Hinführung zum Ruhegebet

1 Johannes Bours (1913–1988), Dr. theol. h.c. des Fachbereichs Theologie der Universität Münster, war Spiritual am Priesterseminar und geistlicher Begleiter. Er wurde insbesondere durch zahlreiche Exerzitien-Bücher, geistliche Sendungen in Funk und Fernsehen, Meditationen und als Initiator der Konferenz der deutschsprachigen Spirituale bekannt.

2 Richard Dehmel, Lebensblätter. Gedichte und anderes, Berlin 1895.

3 In meinen zahlreichen Kursen »Einübung in das Ruhegebet nach Johannes Cassian«, die ich seit 1971 gebe, wurden zu jedem Kapitel (Vortrag, Einzelarbeit oder Gruppenarbeit) aufschlussreiche Fragen gestellt. Die wichtigsten zur Einübung in das Ruhegebet und die häufig wiederkehrenden Fragen werden am Ende eines jeden Kapitels mit der entsprechenden Antwort vorgestellt.

4 Kabasilas, Das Leben Christi, 173–174.

5 Marcellina Pustet OSB, Aus einem Brief vom 17. November 2004.

6 Jungclaussen (Hg.), Aufrichtige Erzählungen eines russischen Pilgers, 23.

7 Buber, Erzählungen der Chassidim, 191.

8 Schürmann, Der erste Brief an die Thessalonicher, 98.

9 Benediktsregel 43,3.

10 Es wird eine günstigere Voraussetzung geschaffen, schneller und tiefer in die Ruhe zu kommen, wenn vor dem Beten die Zeit von aller Hektik und Anspannung freigehalten wird.

11 Daher ist die persönliche Beichte wichtig, in der der Beichtende – auch in der Weise, wie der Priester ihm begegnet – die Erfahrung machen kann, dass er auch in seiner Sünde angenommen wird.

12 Miller (Hg.), Weisung der Väter, 331.

13 Rossé, Der Pfarrer von Ars an seine Gemeinde, 109–110.

14 Grimm, Kinder- und Hausmärchen, 358–360.

15 P. Dyckhoff, Geistlich leben im Sinne alter Klosterregeln, Augustinus Kap. 2,3.

16 Markus der Einsiedler (gest. nach 430). In: Gouillard, Kleine Philokalie, 76. Markus war Abt in Ankyra (Galizien) und später Einsiedler in der Wüste Juda.

17 Vgl. Reuss, Der erste Brief an Timotheus, 43.

18 Dyckhoff, Atme auf, Übungen zur Leib- und Seelsorge, CD.

19 Hiermit ist der leiseste Anhauch einer geistlichen Übung (Meditation) gemeint. Cassian verbindet damit das Wort »Pneuma«, den lebendigen und belebenden Odem Gottes, durch den Gott nicht nur der Schöpfung Leben einhauchte, sondern immer neu den Menschen durch Christus sein Heil vermittelt. Vgl. Warnach, Agape, 215–224.

20 Vgl. Schnackenburg, Das Johannesevangelium II, 492–494.

21 Miller (Hg.), Weisung der Väter, 296.

22 Vgl. Teresa von Ávila, I, 180.

23 Teresa von Ávila, I, 164–165.

24 Teresa von Ávila, I, 458–459.

25 Teresa von Ávila, V, 154.

26 Jungclaussen (Hg.), Aufrichtige Erzählungen eines russischen Pilgers, 19–20.

27 Vgl. Miller (Hg.), Weisung der Väter, 119–120. Abt Johannes Kolobos, der zu den bedeutendsten Vätern gehörte, starb vor 450. Über zwölf Jahre lang pflegte er seinen Lehrer Abt Ammoes. Später scharte sich eine große Mönchsgemeinde um ihn.

28 Miller (Hg.), Weisung der Väter, 296.

29 Miller (Hg.), Weisung der Väter, 115–116.

30 Der Fremde in diesem Beispiel symbolisiert das ungesunde Wachstum, das Zwanghafte in einem übersteigerten Wettbewerb um Überfluss und rein materielle Vorteile. Das Leben an sich zielt auf ständiges Wachstum, was nicht mit Zwang verwechselt werden darf – und damit gleichzeitig auf größere Verantwortung. Ein gesunder Wettbewerb ist natürlich und notwendig.

31 Les sentences de pères du dèsert, Nouveau recuiel, N 518. Dt.
Übersetzung: Grün, Geistliche Begleitung bei den Wüstenvätern,
54.

32 Griffiths, Johannes Cassian – Botschaft der Wüste, 73.

33 Miller (Hg.), Weisung der Väter, 231.

34 Les sentences des pères du dèsert. Nouveau recuiel, N 592/50.
Dt. Übersetzung: Grün, Geistliche Begleitung bei den Wüstenvätern, 61.

35 Vgl. Origenes, Vom Gebet und Ermahnung zum Martyrium (BKV),
138–145.

36 Vgl. Basilius der Große, 313 Vorschriften, Nr. 166.

37 Nouwen, Gebete aus der Stille 136–137.

38 Vgl. Schlier, Der Römerbrief, 268–269.

39 Evagrius Pontikus, Über das Gebet, Kap. 89.

40 Lorenz, Das Vaterunser der Teresa von Avila, 75.

41 Aus der Komplet der Kirche.

42 Johannes Cassian, Collationes X, 12.

43 »Zur Freiheit hat uns Christus befreit. Bleibt daher fest und lasst
euch nicht von Neuem das Joch der Knechtschaft auflegen!« (Galater 5,1).

44 Miller (Hg.), Weisung der Väter, 18.

45 Longardt, Neue Kindergottesdienstformen, 171.

46 Es ist unverzichtbar, nach der Kommunion eine Zeit der Stille zu
wahren, um dieses Geschehen in sich durchdringen zu lassen.

47 Vgl. Matthäus 9,30; 17,9. Vgl. Markus 1,40–45; 7,36; Lukas 5,12–14;
9,36.

48 Johannes Klimakos. In: Dietz, Kleine Philokalie, 91. Fünfzig Jahre
lebte Johannes Klimakos (um 580–650) auf dem Berg Sinai, zuerst
als Einsiedler, dann als Abt des Sinaiklosters. Seine Hochschät-
zung begründet sein Buch »Paradiesleiter«. Darin führt er den
Novizen über dreißig Stufen zur Gottesliebe. Unter Einbeziehung
persönlicher Erfahrungen stützt sich sein Werk auf Evagrius Pontikus.

49 Aus Erfahrung sind bekannt: Unsicherheit beim Autofahren,
Schwindel, Desorientiertheit, Unlust, radikale Entscheidungen

zur Armut, zum Fasten und zur sexuellen Enthaltung, Versäumnis von Pflichten, Rückzug aus familiären und sozialen Bindungen und in jeglicher Hinsicht extreme Lebensweisen.

50 Das Gebet in der Kammer bei verschlossener Tür hat Vorbilder. So betete Elischa zum Beispiel im Haus bei verschlossener Tür (vgl. 2 Könige 4,33). Mit der »Kammer« ist höchstwahrscheinlich die »Vorratskammer« (vgl. Lukas 12,24) gemeint. Sie wird als Beispiel genommen, weil sie im Haus der einzig verschließbare Raum war.

51 »Aus diesen Worten darf man natürlich nicht schließen, mündliches Gebet sei ganz zu verwerfen. Cassian anerkennt seine Berechtigung stillschweigend, wenn er in den Instituta ausführlich das gemeinsame Gebet der Mönche behandelt« (Kemmer, Weisheit der Wüste, 168). Schweigen ist Hilfe zur Sammlung und notwendig, damit wir sie bewahren und über das Gebet zur Begegnung mit Gott gelangen, die im »heiligen Schweigen« höchste Erfüllung findet. Vgl. Severus, Glutgebet, 109.

52 »Gebet ist Herzenssache, sein Wesen ist die Erhebung des Herzens zu Gott und damit Ausdruck des Glaubens an ihn. Ist dieses Wesen nicht vorhanden, so ist es genau so wenig Gebet wie die Putzen (Zwerge) in den Gärten Menschen sind (Luther)« (Gnilka, Das Matthäusevangelium I, 209).

53 Hier ist durchaus kein Verschließen der Augen vor den Realitäten des Lebens gemeint. Der Betende nimmt seine gesamte Lebenswirklichkeit mit in die Stille und Zurückgezogenheit des Betens – selbst wenn er die Augen schließt. Dahinter steht die Erfahrung, etwas dem Ziel Entgegengesetztes zu tun, um es besser und schneller zu erreichen. Der Sportler wird vor einem Weitsprung zunächst ein Stück zurückgehen und sich sammeln, um dann mit einem kräftigen Anlauf sein Ziel zu erreichen. Das gleiche Prinzip wird zum Beispiel auch in der Kunst des Bogenschießens angewandt.

54 Gnilka, Kolosserbrief, 111.

55 Kallistos und Ignatios Xanthopulos (Ende 14. Jh.). In: Gouillard, Kleine Philokalie, 218.

56 Aurelius Augustinus, Brief an Proba, X,20. Ausgewählte Briefe, II,

27. Anicia Faltonia Proba, eine Witwe aus vornehmer römischer Familie, übersiedelte nach dem Tod ihres Sohnes zwischen 410 und 413 nach Afrika, wo sie ein klösterliches Leben führte. Sie erbat von Augustinus eine Unterweisung über das Gebet. Er empfahl ihr, mit den sogenannten Pfeilgebeten allezeit durch das beständige Verlangen nach Gott zu beten.

57 Herrigel, Zen in der Kunst des Bogenschießens, 27.

58 Codex Rossianus 3,3 fol. 11 r. Übersetzung: P. Dyckhoff, Mit Leib und Seele beten, 89.

Zu Teil III: Anleitung zum Ruhegebet

59 Evagrius Pontikus. In: Gouillard, Kleine Philokalie, 48 49.

60 »... auf dass Gott sei alles in allen« (1 Korinther 15,28b, Übersetzung M. Luther.) »In diesen Versen wird eine Theologie des Königtums Christi entfaltet ... Die Zeit hat ein Ziel. Es soll sich in ihr ein Fortschritt ermöglichen ... Allem, was ist, allen Geschöpfen, die je in den Kreis der Seienden getreten sind, ist Teilhabe an Gott zugedacht ... alles, was erfüllbar ist an einem Seienden, wird erfüllt werden« (Walter, Der erste Brief an die Korinther, 296–297).

61 Kopfschmerzen, Übelkeit, Aggressivität, Schwindel, Unwohlsein können auftreten. Es sind sogar mehrere Todesfälle bekannt, die durch einen Genickbruch verursacht wurden.

62 Nach Amma Theodora. In: Miller (Hg.), Weisung der Väter, 113–114.

63 Kallistos (Ende 14. Jh.). In: Gouillard, Kleine Philokalie, 223.

64 Exeler, Gott, der uns entgegenkommt, 16.

65 Der Gott Suchende ist letzlich auch allein in der Lage, den Weg zu Gott zu finden – auch ohne wegweisende Hilfe von geistlichen Lehrern, denn der Wegweisende ist Christus selbst. Beim speziellen Weg über das Ruhegebet ist es jedoch schwieriger – wie die vielen offenen Fragen zeigen –, denn diese, von den frühen Mönchsvätern über Cassian bis in unsere Gegenwart tradierte Ge-

betsweise erfordert eine einfühlsame Einführung, besondere Anweisungen und anfangs eine geistliche Begleitung. Daher ist ein Lehrer, der mit der Praxis des Ruhegebetes vertraut macht, notwendig und hilfreich, damit der Suchende Fehler vermeidet, aus Erfahrungen anderer lernt und gleich Antworten auf bewegende Fragen erhält. Die nun folgenden Anweisungen erhielt Cassian durch seinen geistlichen Lehrer Evagrius Pontikus. Vgl. Bunge, Akedia, 85–86.

66 Um das hohe geistliche Gut der Unterredungen mit den Wüstenvätern wertzuschätzen und für die Gebetspraxis die entsprechenden Voraussetzungen zu schaffen, leitet Cassian die »24 Unterredungen« mit den folgenden Worten ein: »Wir wussten sehr wohl, wie unbeugsam ablehnend Abbas Moses war, wenn er die verborgene Tür zur Vollkommenheit jemandem öffnen sollte, der sich nicht in Wahrheit nach ihr sehnte und zerknirschten Herzens nach ihr suchte. Es kam ihm dann nämlich so vor, als wenn er den Fehler der Prahlerei oder sogar einen Verrat beginge, wenn er diese geistlichen Dinge jemand enthülle, dem es gar nicht um sie zu tun sei oder der nur lau nach ihnen verlange, weil es sich hier um Dinge handelt, in die nur der eingeweiht werden darf, der wirklich nach dem Vollmaß der Liebe dürstet« (Coll. I,1, übertragen von Gertrud und Thomas Sartory).

67 Nach Hoffsümmer, 255 Kurzgeschichten, Nr. 89, S. 59–60.

68 K. Kohlhund nennt es das »Beständige Gebet«, A. Kemmer das »Monologische Gebet« oder »Einwortgebet«, E. v. Severus das »Herzens- und Glutgebet«, G. u. T. Sartory das »Glutgebet« und »Himmelstürmende und immerwährende Gebet«.

69 Die Anweisungen zum wahren Gebet der christlichen Mönche ab dem 3. Jahrhundert beginnen mit einer Reinigung des Ichs, bevor sich der Betende zu Gott wendet und sich ihm hingibt. Grundvoraussetzung ist äußere und innere Ruhe (griech. *Hesychia),* die sich im Schweigen und Lösen bindender Leidenschaften ausdrückt.

70 Wenn eine Formel mit einem Sinnzusammenhang gegeben wird, die als Gebet dienen soll, wird sie zunächst mündlich und dann

nur noch in Gedanken wiederholt. Der aktive und gleichzeitig zu Kreativität neigende Geist ist erst einmal damit beschäftigt, den Inhalt des Gebetes zu erfassen, zu denken, zu assoziieren: Analogien, Erinnerungen, Vorstellungen, Zusammenhänge wie auch Fragen werden sich einstellen. Dieses Ausloten ist mit »Erwägen« gemeint, ist aber sehr bald ausgeschöpft und lässt den Geist zur Ruhe kommen. Beim richtigen Gebrauch der Gebetsformel, die im einfachen inneren Wiederholen besteht, fügt der Betende von sich aus bewusst keinen neuen Gedanken hinzu, sondern nimmt alles wie es kommt.

71 Das Wort »Formel« – Cassian nennt sie »formula pietatis« – hat an sich keinen guten Klang. Man stellt sich eher etwas mathematisch Berechenbares als etwas Geistliches darunter vor. An dieser Stelle werden viele abgeschreckt, da sie bei der steten Wiederholung des Gebetswortes an Hypnose denken. Die Erfahrung, aus der Cassian schöpft, zeigt jedoch das genaue Gegenteil. Er sagt, dass der Lernende des Modells bedarf, um sich für das Gebet der Ruhe einzuüben und um die leise Stimme des ihn ansprechenden Gottes wahrzunehmen. Ferner erweist sich die Formel – besser gesagt: die kurze Gebetsanrufung Gottes, die aus einem Schriftwort besteht – als ein einfacher und hervorragender Weg zur Begegnung mit Christus und durch ihn mit dem liebenden Du des Vaters. Die Formel hat letztlich teil am Ewigkeitscharakter des Wortes selbst. Zum einen hilft dem Betenden die Formel wach zu bleiben und zum anderen durch die sanfte innere Wiederholung eine bewusst gesteuerte Gedankenaktivität nicht zuzulassen. Dies zeigen die Worte Cassians deutlich und schön. Die Anwendung der einfachen Gebetsformel macht das Wort erfahrbar: »Das Gebet eines Mönches ist nicht vollkommen, wenn er in dessen Verlauf sich seiner selbst oder der Tatsache des Betens bewusst ist« (Coll. IX,31).

72 »Wir müssen in den Fußstapfen der Altväter bleiben und dürfen uns nicht herausnehmen, ungewöhnliche Wege zu gehen und Unterscheidungen vorzunehmen, die nur auf unser eigenes Urteil gestützt sind. Was uns die Väter tradiert haben, sowohl durch

ihre Lehre als auch durch das Beispiel ihres Lebens, danach wollen wir uns richten« (Coll. II, 11). »Wenn wir zu einer wirklichen Vollendung in Tat und Wahrheit gelangen wollen, müssen wir uns an jene Lehrer halten, die nicht bloß in großsprecherischen Disputationen davon fantasiert haben, sondern den Weg dorthin aus eigener Erfahrung kennen. Sie können uns am sichersten den Weg zum Ziel zeigen, der auf keinen Fall durch das Verdienst der eigenen Anstrengungen zu gehen ist. Die wahren Lehrer gewannen aus dem Gebet derer, die sie wahrhaft ohne Sünde und in der ewigen Seligkeit des Himmels wussten, eine tiefe Kraft und eine unendliche Demut« (Inst. XII, 15).

73 Nach langen Vorbereitungen und Prüfungen wurden die Schüler, ihrer jeweiligen Entwicklungsstufe entsprechend – von den Altvätern in die tieferen Geheimnisse des Betens und des Glaubens eingeführt. Sie wollten u. a. vermeiden, Menschen zu erleben, die mit etwas sehr Kostbarem, das anderen unendlich wertvoll ist, grob und fahrlässig umgehen. Für viele Menschen ist es schwer zu begreifen, dass – je näher sie an die letzte Wahrheit herangeführt werden – alles sich so sehr vereinfacht, dass man es nicht für möglich hält. Hier besteht die große Gefahr, die Wahrheit nicht mehr ernst zu nehmen, da man meint, das Wesentliche müsse komplizierter sein und geleistet werden.

74 Depressionen werden heute zu psychischen Krankheiten gerechnet, die ihre Ursache u. a. in hirnphysiologischen Veränderungen haben. Ein depressiver Mensch gehört in ärztliche Behandlung. Das Ruhegebet kann jedoch – in Absprache mit dem Arzt – den Heilungsprozess unterstützen.

75 Viele Anfänger befürchten, dass sie durch die häufige Wiederholung des einen Gebetswortes eher in Selbsthypnose versetzt werden als wahrhaftig zu beten. Cassian beschreibt genau, dass und wie wir uns auf Gott verlassen dürfen. Und die Erfahrung lehrt, dass alles, was geschieht, zum Heil des Betenden wird. Ein solcher Aufbruch von Geist und Seele verlangt einen gewissen Vertrauensvorschuss. Durch das Ruhegebet wird der Betende in keinen fremden Zustand versetzt, wie hirnphysiologische Mes-

sungen zeigen. Alle, die diesen Gebetsweg gehen, stellen nach dem Gebet fest – obwohl ihr Wille nicht aktiv war – dass sie weder fremdgesteuert noch manipuliert wurden. Die Gebetsformel besteht immer in einer Anrufung Gottes, und im Namen Gottes ist Heil (vgl. Apostelgeschichte 4,9–12). Beim Ruhegebet wird weder ein gewollter Zustand angestrebt, die Gebetsformel nicht schnell und rhythmisch wiederholt, noch wird sie in strengen Gedanken festgehalten. Absichtslos, ohne irgendeine Erwartung oder Vorstellung, wird die Formel im Inneren feiner und feiner, bis sie sich ganz verflüchtigt und tiefer Ruhe Platz macht. Stellen sich jedoch Gedanken ein, wird sie wieder neu aufgenommen und innerlich wiederholt. Im Ruhegebet ruft der Betende Gott in seinem großen Erbarmen an. Er wird zur Mitte des Betenden, nicht sein Ego. Derjenige, der sich hingebend und vertrauend auf Gott verlässt und ihn zulässt, darf alles von ihm erwarten.

76 Vgl. Miller (Hg.), Weisung der Väter, 156.

77 Diese und die folgenden Anweisungen zum Ruhegebet, die nicht immer oder noch nicht wissenschaftlich belegt sind, resultieren aus vierzigjährigen praktischen Erfahrungen.

78 Gregor der Sinait. In: Dietz, Kleine Philokalie, 148.

79 Coll. IX,3.

80 Coll. X,14.

81 Vgl. Origenes, Vom Gebet (Peri Euches) XXXI bis XXXII. Diese beiden Kapitel stehen am Ende seiner Schrift und sagen etwas zur inneren Einstellung, zum Ort des Betens, zur Himmelsrichtung, zur Haltung beim Beten und zur Gebetszeit. Vgl. Kommentar zu Coll. IX,8.

82 Hier sind nicht nur die Lebenden angesprochen, sondern auch die Verstorbenen.

83 An dieser Stelle muss klar aufgezeigt werden, für wen das Ruhegebet vorerst oder überhaupt nicht infrage kommt: Kinder unter acht Jahren; Patienten, die Psychopharmaka einnehmen; Menschen, die in psychotherapeutischer Behandlung sind; Alkoholiker und Drogenabhängige; Menschen, die sich persönlich oder beruflich in einer übergroßen Krise befinden; Behinderte, deren

Denkvermögen gestört ist; Fanatiker und alle, die besonders im Religiösen zu krankhaften Übertreibungen neigen.

84 ... wie beispielsweise das Klingeln des Telefons oder der Türschelle, das unverhoffte Ansprechen des Betenden, jemand bittet oder ruft um Hilfe, ein Kind weint, man hat etwas ganz Wichtiges vergessen ...

85 Mit »Eutonie« bezeichnete die Choreografin und Bewegungspädagogin Gerda Alexander (1908–1994) ihren Ansatz körperorientierter Übungen, die das Bewusstsein in Achtsamkeit für Bewegungsabläufe und Körperzustände schulen wollen. Gerda Alexander emigrierte 1933 nach Dänemark und begründete in Kopenhagen eine Ausbildungsstätte für Bewegung und Entspannung, die sie bis 1987 selbst leitete.

86 Über vierzig Jahre lang wurden bei Kursen zur Einübung in das Ruhegebet Fragebogen ausgegeben, die dann die Grundlage für Einzelgespräche bildeten. Da leider die Zeit für statistische Auswertungen nicht gegeben war, werden hier die Ergebnisse allgemein zusammengefasst.

87 Diese Kriterien, die auf ein richtig ausgeführtes Ruhegebet schließen lassen, stammen aus Erfahrungsberichten, die in mehr als vierzig Jahren gesammelt und ausgewertet wurden. Da letztlich ein Gebet vom Menschen aus nicht beurteilt werden kann, bestehen diese Kriterien mehr oder weniger aus Äußerlichkeiten wie beispielsweise körperliche Veränderungen, Empfindungen und Befindlichkeiten. Die erstaunlich große Häufigkeit von gleichen Aussagen lässt es zu, diese zusammenzufassen und aufzulisten.

88 Wegen der sehr individuellen und praktischen Fragen zum Ruhegebet ist die persönliche Anrede bei der Beantwortung nicht zu umgehen.

89 Im Ruhegebet lebt, ja, atmet der Betende diese Armut immer mehr. Sie ist mit der einfachen, in sich selbst schwingenden Ruhe gleichzusetzen, die den Reichtum der ganzen Schöpfung in sich enthält, der Ruhe, von der am siebten Schöpfungstag Gott selbst spricht (vgl. Genesis 2,2–3). Wenn dann nach und nach diese Ruhe, in der alles Sein, Werden und Vergehen verborgen manifestiert ist, im

Betenden lebendig wird, kann er sie in ihrem ganzen Reichtum aktiv erfahren; natürlich ganz individuell und entsprechend seiner jeweiligen Lebenssituation.

90 Wie die cassianische Formel des Ruhegebetes ist auch dieser Vers ein demütiges Bekenntnis zur Armut der leeren Hände des Betenden, die Gott neu füllen möge.

91 Sketische Wüste: in Unterägypten, unweit von Alexandria.

92 Klara von Assisi, II. Kap. der Regel. In:. E. Grau / M. Schlosser, Leben und Schriften der heiligen Klara von Assisi. Klara (1193/94–1253) war die erste Frau in der Geschichte, die eine von Rom anerkannte Klosterregel schrieb. Im Frühjahr 1212 brach Klara, 18 Jahre alt, alle Brücken normaler Absicherung hinter sich ab. Ihre Zukunft war völlig offen. Eines jedoch wusste sie: Sie wollte sich an Franziskus als geistlichen Begleiter halten. Durch ihn konnte sie San Damiano beziehen, eine kleine Landkirche, die bereits geistlich durch Franziskus geprägt war. Franziskus, seine Brüder und selbst Kardinal Hugolin, der spätere Papst Gregor IX., kamen zu Klara, um sich bei ihr Rat zu holen. Durch Prediger, die sie nach San Damiano einlud, weitete sie den Horizont ihrer Gemeinschaft. Klara folgte in allem der Grundidee, sich für Gott arm zu machen, da er sich für uns arm gemacht hat. Sie suchte die Armut, da diese ihr die Nähe zu Gott ermöglichte.

93 Vgl. Coll. IX,4.

94 Bei vielen Menschen, die diesen Schmerzen nachgegangen sind, konnte der Arzt eine Frühdiagnose stellen und entsprechend rechtzeitig Wege zur Heilung finden.

95 Versuchspersonen, die nachts an ein Elektroenzephalogramm angeschlossen waren, wurden immer dann geweckt, wenn sich elektrische Aktionsströme im Gehirn zeigten, die durch Träume ausgelöst wurden. Nach ungefähr einer Woche waren die Versuchspersonen völlig aus ihrem seelischen Gleichgewicht gebracht, desorientiert und krank.

96 Basilius der Große, 313 kurzgefasste Vorschriften, Nr. 306. Basilius (um 330–379), der auch »der Große« genannt wird, wurde in Cäsarea in Kappadozien geboren. Mit siebenundzwanzig Jahren

empfing er die Taufe und fühlte sich – fast zur gleichen Zeit – zum asketischen Leben berufen. So besuchte er schon bald die berühmtesten Einsiedler und Mönchssiedlungen in Ägypten, Palästina, Syrien und Mesopotamien. Sein Ja zur Kirche war gleichzeitig sein Ja zur Nachfolge Christi. Daher ist es zu erklären, dass die Basilius-Regeln ein enges Band zwischen der Kirche und der von ihm gegründeten asketischen Gemeinschaft bilden. Basilius verließ die anfänglich gewählte Einsamkeit und wurde im Jahr 370 zum Bischof der Kirche von Cäsarea berufen. Er war Mönch und Mann der Kirche zugleich. Die von ihm gegründete Gemeinschaft blieb offen zur Welt, indem sie Schulen, Spitäler und Gasthöfe gründete und betreute. Als geistlicher Schriftsteller war Basilius ebenso bedeutend wie als Bischof. Mit seinen elementaren Regeln blieb er nicht nur wegweisend für das orthodoxe Mönchtum, sondern er beeinflusste auch das lateinische Mönchtum.

97 Es ist nicht ratsam, ein eigenes Gebetswort zu wählen, sondern nur eines aus der Tradition der Väter. Mit diesen tradierten Gebeten wurde bereits seit fast zweitausend Jahren der Himmel bestürmt. Sie haben einen guten Klang und ihre Schwingungen sind erprobt.

98 Hesychius von Batos (7.–8. Jh.). In Gouillard, Kleine Philokalie, 109.

99 Nach dem Rückwärtsfahren wird der Autofahrer zuerst das Gas wegnehmen, den Wagen zum Stehen bringen, ehe er den Vorwärtsgang einlegt. So benötigen auch das menschliche Nervensystem und die Psyche ein wenig Zeit, um aus der Versenkung und Stille des Ruhegebetes herauszukommen. Ein zu schnelles Aufstehen verursacht Unwohlsein und Kopfschmerzen.

100 Basilius der Große, 313 kurzgefasste Vorschriften, Nr. 147.

Zu Teil IV: Johannes Cassian – Leben und Wirken

101 Weber, Die Stellung des Johannes Cassianus, 1.
102 Auf der Maur, Mönchtum, 123.
103 Johannes Cassian, De Incarn. lib. VII,31. Vgl. auch Inst. XII,20.

104 Vgl. Rousseau, Ascetics, 172. Abt Ivo Auf der Maur aus der Bene-
diktinerabtei St. Otmarsberg in der Schweiz scheint diese An-
nahme zu unterstützen, wenn er schreibt:»Germanus und Kassian waren zudem Schatzverwalter an der Kathedrale ... Zu Ver-
waltungsgeschäften, Schule und diplomatischen Diensten zog er
Germanus, Kassian, Philipp und Stephan heran« (Auf der Maur,
Mönchtum, 122–123).
105 Vgl. Butler, Benediktinisches Mönchtum, 395.

Bibelstellenverzeichnis

Stimmen zum Ruhegebet

Ich werde mir das Buch »Das Ruhegebet einüben« für die lectio continua vornehmen, denn es atmet Tiefe und Weite. Das spanische Exemplar habe ich an Papst Franziskus weitergeleitet.

Mons. Georg Gänswein
Titularerzbischof von Urbisaglia
Präfekt des Päpstlichen Hauses, Rom

Ich bin überzeugt, dass »das Ruhegebet« eine der eindringlichsten und hilfreichsten Einführungen in das Gebetsleben ist für Menschen in einer ruhelosen und angstvollen Welt. Das Buch ist eine vorzügliche Wegweisung für alle Menschen, die mitten in unserer angespannten und überfüllten Welt nach einer ruhigen Zeit suchen und nach einem umfassenden, Sicherheit bietenden Beisammensein mit Gott.

Henri Nouwen

Mit Spannung nimmt man diesen neuen Versuch einer Erschließung Cassians für die Gegenwart in die Hand. Das Buch ist nicht für Kenner geschrieben, sondern für die Praxis von Suchenden unserer Tage, denen bislang Namen wie Johannes Cassian und Evagrius Pontikus völlig unbekannt waren.

Altabt Emmanuel Jungclaussen OSB

Das Wort »Deus in adiutorium meum intende – Domine adiuvandum me festina« ist mir seit Ende meiner Schulzeit zu einem lieben Gebet geworden.

Bischof Reinhard Lettmann, Diözese Münster

Die »Einübung nach Johannes Cassian« ist für mich persönlich ein sehr großer Gewinn. Natürlich hatte ich einiges darüber gehört und im Zusammenhang mit dem Jesusgebet gelegentlich auch einiges versucht, ohne allerdings einen rechten Zugang zu finden. Ihre »Einübung« halte ich für ein sehr großes Geschenk und hoffe nur, dass das Buch viele Menschen findet und ihnen einen Zugang eröffnet. Keinen Zweifel habe ich, dass zahllose Zeitgenossen – vielleicht ohne es zu wissen und zu kennen – das Ruhegebet suchen.

Bischof Josef Homeyer, Diözese Hildesheim

Vielen Dank für das wunderbare Buch »Das Ruhegebet«. Möge es viele Menschen erreichen und segensreich wirken. In wenigen Tagen werde ich für zwei Monate nach Südafrika fliegen zu Dreharbeiten und das »Ruhegebet« wird mich begleiten. Ich freue mich und weiß, dass Cassian gerade heute uns viel zu sagen hat.

Ruth Maria Kubitschek

Zum Autor

Peter Dyckhoff, 1937 im westfälischen Rheine geboren, studierte Psychologie und war viele Jahre als Geschäftsführer eines mittelständischen Unternehmens tätig. Mit vierzig Jahren wagte er den Neuanfang und studierte Theologie. 1981 in Brixen zum Priester geweiht, wurde er 1982 Wallfahrts- und Krankenhausseelsorger im niederrheinischen Marienwallfahrtsort Kevelaer. Danach kam Peter Dyckhoff als Gemeindepfarrer in die Diözese Hildesheim, wo er 1989 den Aufbau und die Leitung der bischöflichen Bildungsstätte »Haus Cassian« im Weserbergland übernahm. 1999 kehrte er in seine Heimatdiözese Münster zurück und widmet sich seither verschiedenen pastoralen Aufgaben. Seine reichen Erfahrungen als Leiter von Exerzitien-Kursen gibt er als Autor in zahlreichen Büchern, Fernsehserien und Rundfunkbeiträgen zur christlichen Gebets-, Meditations- und Exerzitienpraxis weiter.

Peter Dyckhoff hat es sich zur Lebensaufgabe gemacht, das aus alten christlichen Quellen stammende Ruhegebet, welches von Johannes Cassian erstmals schriftlich verfasst und somit tradiert wurde, an die Menschen der heutigen Zeit weiterzugeben. Mit seiner Studie »Gebet als Quelle des Lebens. Systematisch-theologische Untersuchung des Ruhegebetes, ausgehend von Johannes Cassian« wurde er zum Doktor der Theologie promoviert.

Peter Dyckhoff hat eine große Zahl von Lehrenden des Ruhegebets ausgebildet, die in Bildungs- und Exerzitienhäusern Menschen in diese Gebetsform einführen. Sie werden unterstützt von der »Stiftung Ruhegebet«

www.ruhegebet.com
www.PeterDyckhoff.de

Ausgewählte Bücher von Peter Dyckhoff

Ruhegebet, München (sechs Auflagen), Neuausgabe: Stuttgart 2014

Das Ruhegebet einüben, Freiburg im Breisgau 3. Aufl. 2013

Einübung in das Ruhegebet. Eine christliche Praxis nach Johannes Cassian. 2 Bd.e, München 2006

Atme auf. 77 Übungen für Körper und Seele. Freiburg im Breisgau 2014

Sterben im Vertrauen auf Gott, Illertissen 2014

Sonnenuntergänge. Vom Abschied aus dieser Welt, Freiburg im Breisgau 3. Aufl. 2011

Maria bereitet uns den Weg. Biblische Meditationen über die Gottesmutter, Freiburg im Breisgau 2014

Wege der Freundschaft mit Gott. Geistlich leben nach Franz von Sales, Freiburg im Breisgau 2. Aufl. 2014

Auf dem Weg in die Nachfolge Christi. Geistlich leben nach Thomas von Kempen, Freiburg im Breisgau 9. Aufl. 2013

365 Tage im Licht der Liebe. Geistlich leben nach Johannes vom Kreuz. Illertissen 2013

Franziskus und Klara. Ermutigung, einfach zu leben, Illertissen 2013

Dem Licht Christi folgen. Inspirationen für ein christliches Leben, Freiburg im Breisgau 2. Aufl. 2012

In der Stille vor dir. Gebete, Illertissen 2013

Die DVD zum Buch

Ein sechsteiliger Glaubenskurs
mit Pfarrer Dr. Peter Dyckhoff und
Pfarrer Wolfgang Severin

In einem sechsteiligen Kursus führt
Peter Dyckhoff an das Ruhegebet heran
und gibt eine einfache und gut ver-
ständliche Anleitung zur praktischen
Ausübung.
Eine Produktion von Bibel TV Stiftung.

DVD 1:
+ Hinführung zum Ruhegebet
+ Einführung in die Gebetspraxis
+ Anleitung zum Ruhegebet

DVD 2:
+ Sinn und Ziel des Ruhegebetes
+ Schlüssel zur inneren Kraftquelle
+ Johannes Cassian – Allgemeine Fragen zum Ruhegebet

Das Video-DVD-Set ist zu beziehen über:

VersandBuchHandlung
bibelwerk impuls
Silberburgstr. 121
70176 Stuttgart

Tel.: 0711-61920-26
Fax: 0711-61920-30
E-Mail: impuls@bibelwerk.de
www.bibelwerk-impuls.de